Les remèdes de grands-mères

JOSETTE ET VINCENT
ROUSSELET-BLANC

Les remèdes de grands-mères

J'AI LU

Bienêtre

Préface

La science dit oui

La médecine a trouvé des solutions à beaucoup de grandes maladies. Mais pas toujours aux petites. Les maux quotidiens et chroniques comme les colites, les cystites, les hémorroïdes ou les douleurs articulaires ne sont pas totalement résolus par les médicaments d'aujourd'hui. Aussi les scientifiques ne haussent plus les épaules devant les pratiques ancestrales. Ils y ont même pris intérêt. On « réévalue », on « revisite » les vieux procédés. Et c'est bien. Parce que cela encourage les gens à se prendre en charge, à revenir à la nature alors que le médicament chimique nous a fait démissionner. Il ne s'agit pas de croire aux miracles. Le jus de citron ne fait pas des centenaires. S'intéresser aux traditions est un état d'esprit. Même si les vertus de certaines d'entre elles ne sont pas démontrées. Le mystère c'est sérieux. C'est humain. Il est des questions comme : qu'est-ce que Dieu, la Vie ou l'Amour auxquelles la Science ne répondra jamais.

Pr Jean-Paul ESCANDE
Chef du Service dermato-vénérologie
à l'hôpital Tarnier-Cochin (Paris)

Le professeur Escande a raison : n'oublions pas le mystère. Bien qu'aujourd'hui les remèdes de grands-mères aient perdu le leur, puisque la science en a avalisé la plupart et a donné les raisons de leur efficacité, que vous retrouverez dans ce livre. Évidemment, si folklorique cela soit-il, vous ne rencontrerez pas dans ces pages – sauf quand il s'agit d'en sourire – de bave de crapaud prélevée à la pleine lune ni d'amulettes prometteuses de jouvence. C'étaient là des impostures de sorcières, alors que les recettes de nos grands-mères, avant d'être « prouvées », ont fait leurs preuves pendant des siècles, d'où leur nom de remèdes de « bonne femme », déformation de « bona fama » *– bonne réputation. Ne pas confondre l'empirisme avec la magie.*

Il est vrai que longtemps les hommes s'en sont remis à cette dernière pour guérir ou simplement s'attirer les grâces divines en vue d'une bonne santé. Les traditions et les religions qui suivirent n'ont jamais affadi le goût de l'irrationnel et sa cohorte de superstitions. Dans les sociétés primitives, tout ce qui pouvait arriver à l'être humain était le fait des esprits, bienveillants ou malveillants, et autres forces surnaturelles. La Chine ancienne, elle, est dominée par l'idée que la maladie est envoyée par les dieux ou les démons. En Grèce, le médecin et le prêtre, c'est la même chose : on invoque les habitants de l'Olympe pour maintenir sa forme olympique. En France, au Moyen Âge, l'Église toute-puissante ne pense guère autrement : les moines soigneurs invitent les malades, forcément pécheurs, à la rédemption guérisseuse par le biais de la prière. Au XVI*e* *siècle, Paracelse, dont la doctrine (totalement erronée) se fonde sur l'alchimie et l'astrologie, impose l'approche symboliste, car « Dieu n'a rien laissé sans signe extérieur et visible ». À ses yeux, chaque plante porte le symbole de ce qu'elle peut soigner : si la chélidoine est d'un jaune bilieux, elle sera bonne pour le foie ; si le bulbe du colchique ressemble à un orteil atteint par la goutte, c'est qu'il peut traiter cette affection… Plus les théories se révèlent pittoresques, plus on a envie de les adopter. Et quand deux cents ans plus tard les médecins de Molière se battent encore contre la maladie avec clystères, saignées et sangsues, on peut comprendre que les patients, apeurés et privés de rêve, leur préfèrent – en toute illusion – les miracles du comte de Saint-Germain et de Cagliostro distribuant à l'envi – et au prix fort – potions et belles paroles.*

Mais voilà qu'au XIX*e* *siècle apparaît la science moderne, qui ne s'appuie que sur des réalités et exige des faits derrière les apparences. En France, Pasteur ouvre la voie. Encore que saignées et purges soient toujours d'actualité, même si la chirurgie gagne ses titres de noblesse. Parallèlement à cet effort de rigueur se révèlent des médecines précisément appelées « parallèles ». L'homéopathie, l'ostéopathie, l'acupuncture, aujourd'hui encore décriées en certains hauts lieux, faute de preuves scientifiques. Elles ont au moins le mérite avéré de prendre en compte l'individu dans sa globalité et non pas seulement les symptômes. La polémique, toutefois, n'est toujours pas éteinte. D'aucuns parlent d'effet placebo : un produit neutre, substitué à un « vrai » médicament, aurait un effet comparable parce que le malade y croit. À moins que le malade ne soit pas malade, tout simplement. D'innombrables études, portant sur des patients souffrant de pathologies très diverses, ont ainsi vérifié* *l'énorme importance des facteurs psychologiques sur la guérison.*

Étrangères à ces querelles, nos grands-mères continuaient de préparer leurs infusions, décoctions, masques et onguents pour soulager les maux de leur famille, procurer le bien-être, la santé, la beauté. Sans doute certaines de leurs potions n'échappaient-elles pas, elles non plus, à l'effet placebo, mais enfin nos aïeules « savaient » des choses. Comment ont-elles deviné que l'ail « fouette le sang » ? Que le chou, déjà utilisé par les Romains, est souverain pour les plaies, la cicatrisation, les douleurs rhumatismales, les contusions, les brûlures d'estomac ? Elles l'ont appris à force d'expérience, transmettant leur savoir de génération en génération. Pourquoi cela « marchait-il » ? Elles n'en avaient cure. Seul l'effet comptait, maintes fois vérifié, sans pour autant quitter le champ de la médecine populaire ni franchir les barrières suspicieuses de la Faculté.

Jusqu'au jour où certains scientifiques, à l'esprit aussi cartésien que curieux, se sont dit : « Et si on allait voir... » Si l'on essayait de percer le mystère de ces usages codifiés et consacrés par des siècles de civilisation et d'Histoire ? Pourquoi les aïeules s'obstinent-elles à croire que la reine-des-prés et le saule, qui vivent les pieds dans l'eau, ont le pouvoir de faire tomber la fièvre ? C'est en répondant à cette question qu'ils ont isolé l'acide acétylsalicylique, aujourd'hui vulgairement connu sous le nom d'aspirine, notre panacée ! Soudain, les « simples » ont livré leurs secrets. Bien des médicaments modernes sont des cocktails à base de plantes, y compris nombre d'anticancéreux. Et si nous ne saurions vous conseiller les multiples charlatans qui se prétendent marabouts et vendent à prix d'or les retours de santé avec incantations et poudre de perlimpinpin, les vrais marabouts, eux, les sorciers et les guérisseurs africains conduisent désormais les chercheurs des laboratoires internationaux sur les chemins de brousse pour traquer la merveille végétale qui donnera le jour à la molécule miracle de demain.

Tant il est vrai qu'on assiste aujourd'hui, dans de nombreux pays du monde, à la cohabitation harmonieuse de la médecine moderne et de la tradition. En Chine, le patient a le droit de choisir la thérapie qu'il préfère. En Amérique latine, on estime que les préparations à base de plantes andines ne sont pas incompatibles avec les pratiques médicales du XXIe siècle. L'Afrique, sans renoncer aux bienfaits de la médecine occidentale, continue de prôner sa phytothérapie. L'Inde a inscrit sa médecine traditionnelle, l'ayurveda, au programme de ses facultés. Et en Occident, aux États-Unis comme en Europe, les chercheurs qui se penchent sur la prévention ont redécouvert plusieurs pistes ancestrales, à base d'éléments naturels, que leur caution crédibilise. Nos aïeules des forêts et des montagnes, dans leur éternité, doivent gaiement savourer leur victoire…

Ne vous méprenez pas, cependant : il n'est pas question une seconde, dans cet ouvrage, de contourner ou de chercher à remplacer la médecine officielle. Ce serait surréaliste, à l'aube de ce troisième millénaire où jamais les progrès ne furent si fascinants. Nous sommes à l'ère de la médecine expérimentale, des greffes d'organes, des procréations médicalement assistées, des mères porteuses, de l'étude du cerveau, du décryptage du génome, des analyses de sang sophistiquées, de la chirurgie assistée par ordinateur, du scanner, de l'imagerie nucléaire. Nous sommes à l'époque de la biologie moléculaire, de l'épidémiologie. Des maladies auparavant fatales ont disparu, on corrige les infirmités, et la durée de vie ne cesse de s'allonger. Nous disposons d'un incroyable éventail de médicaments – antibiotiques, antinévralgiques, antidépresseurs, antimitotiques, etc. – et le combat continue chaque jour contre la souffrance et la mort.

Mais ces progrès spectaculaires n'empêchent pas de faire se côtoyer, dans certains cas, empirisme et technicité. La notion de santé s'est élargie. De nos jours, elle est triple : scientifique, psychologique et sociale. La définition de l'Organisation mondiale de la santé (OMS) en témoigne : la santé est « un état de parfait bien-être physique, mental et social, et non simplement l'absence de maladie ou d'une infirmité physique ».

Et c'est précisément cet aspect mental et social de la santé qui explique – entre autres – le retour aux sources sur le plan thérapeutique. Dans certaines limites, bien entendu. Le chou à tout faire (et vous verrez les merveilles qu'il accomplit) ne vous guérira pas d'un mélanome malin ni d'une arthrose galopante. Mais pour soulager les douleurs, apaiser une migraine ophtalmique, régénérer un organisme, lutter contre les intoxications, la fatigue ou la déprime, les remèdes de grands-mères – sous réserve de l'indispensable diagnostic médical – peuvent réaliser des prouesses, aujourd'hui scientifiquement explicables.

Et cela sans vous obliger à courir la campagne à la recherche de « simples » si compliqués à détecter, ni à mélanger trente-cinq ingrédients. Entre le mari, la marmaille, la maison et les travaux des champs, nos aïeules n'avaient pas le temps de se fabriquer des herbiers de collectionneuses. Tout ce qu'elles vous proposent, vous pouvez l'avoir sous la main, dans votre garde-manger ou dans votre petite armoire à trésors. De surcroît, concocter ces remèdes vous fera participer activement à votre propre thérapie. C'est un élément non négligeable de l'aptitude à guérir, ou simplement à se maintenir en bonne santé. Nous sommes en pleine période de prise en charge, par chacun, de son bien-être. En plein essor de l'automédication. Les industriels le savent bien, qui lancent à grands renforts publicitaires produits de confort, compléments alimentaires, préparations diététiques et autres sésames de mieux-vivre. Science et magie (du marketing) sont ici réunies. Nous vous proposons, nous, de fabriquer vous-même vos « petites magies » à vous. Les intuitions des anciens sont pour la plupart désormais vérifiées. Notre livre, sans prétention, a pour objectif de vous en présenter quelques-unes. La Sécurité sociale devrait y trouver son compte. Vous aussi. La poésie en plus.

Josette ROUSSELET-BLANC

Fléau des adolescents, l'acné peut semer sur votre visage ses boutons et comédons blancs ou noirs jusqu'à un âge avancé. L'acné apparaît à la puberté car certaines hormones qui déclenchent celle-ci ont une action sur les glandes sébacées, dont elles augmentent le volume et la sécrétion. Il n'y a pas de honte à avoir de l'acné : c'est génétique. Due à un excès de sébum qui bouche les pores de la peau, l'acné se transmet de génération en génération et s'aggrave avec le stress, le soleil, l'iode, certains types de maquillage ou une mauvaise hygiène. Les trois quarts des adolescents et la moitié des adolescentes en souffrent.

Pour s'en débarrasser, il existe bien sûr de nombreux produits en pharmacie. Tous ont le même effet : évacuer le sébum et assainir les lésions grâce aux substances acides qu'ils contiennent. Mais s'il ne suffit pas que d'un peu d'acide, d'un bon rinçage et d'un entretien régulier de la peau, point n'est besoin de se ruiner en lotions !

Ma grand-mère m'a dit…

Des tomates et de l'huile d'olive

Et elle a raison : la tomate, riche en sels acides comme les citrates ou tartrates, est tout indiquée pour éliminer l'acné en quelques jours. Ce légume offre également l'avantage de contenir de nombreuses vitamines (A notamment) qui agissent sur la peau par leur action anti-infectieuse, cicatrisante et antitoxique. Résultat : non seulement la tomate agit efficacement sur l'acné, mais elle contribue à nettoyer votre peau. Quant à l'huile d'olive, sans entrer dans les détails des différents éléments qui la composent, elle est grâce à la présence d'acides gras mono-insaturés et polyinsaturés le corps gras le plus recommandable pour l'organisme. Et s'il paraît hérétique de proposer un traitement de l'acné avec un corps gras, les spécialistes du CHOI, le Centre huile d'olive information, n'hésitent pourtant pas à le recommander. Les vertus thérapeutiques de cette huile sont en effet reconnues depuis des millénaires dans de nombreuses pathologies, et l'on a découvert plus récemment ses bienfaits en cosmétologie. Toniques et nutritives, selon le Pr Raymond Lautié, « les frictions d'huile d'olive, associées aux essences végétales, dynamisent l'organisme et contraignent les impuretés à exsuder ». Depuis longtemps dans les armoires à pharmacie, l'huile d'olive a toujours été utilisée pour le plus grand bien interne et externe de notre corps.

Un masque à la tomate

Ce n'est certes pas le remède le plus sexy ni le plus esthétique. Surtout pour les garçons, les plus touchés par l'acné, et déjà assez complexés comme ça d'avoir le visage truffé de points blancs ou noirs. Un conseil pour éviter de passer pour un illuminé : testez secrètement la formule qui suit, dans votre chambre. En cas de résultats probants, ce remède de grand-mère fera de vous l'attraction du lycée. Et les filles, elles aussi touchées par l'acné et très sensibles aux produits naturels, vous combleront certainement de toutes leurs délicates attentions pour vous arracher la formule magique. De quoi faire des rencontres !

Coupez une tomate en fines tranches. Appliquez-les sur les boutons pendant quinze minutes environ, deux fois par jour, matin et soir. Rincez-vous ensuite délicatement le visage avec un savon surgras (il maintient le pH et respecte le taux d'hydratation de votre peau). Si les boutons ne régressent pas dans les quinze jours, une solution médicale est alors conseillée.

Compresses d'huile d'olive

Essayez le mélange suivant : 25 cl d'huile d'olive verte (vierge et neutre), plus 100 gouttes d'huile essentielle de lavande (l'huile essentielle de lavande est utilisée dans de nombreux produits cosmétiques). Appliquez sur les boutons sous forme de compresses ou en frictions. Attendez quelques jours les premiers effets.

Lotion au citron vert

Pour chasser les points noirs, frottez-vous le visage avec du jus de citron vert. Non seulement le citron tue les microbes grâce à ses propriétés bactéricides et antiseptiques, mais il nettoie la peau et resserre les pores.

Frictions à l'ail

Frictionnez la zone atteinte avec des gousses d'ail fraîches pelées.

Jus de carottes

Buvez chaque matin le jus de trois carottes.

Définie par la baisse de l'hémoglobine (diminution du nombre de globules rouges) contenue dans le sang, l'anémie présente toujours les mêmes symptômes : pâleur, fatigue, essoufflement, difficulté à l'effort, saignements. Elle est généralement due à une carence en fer. Ce n'est donc pas un hasard si nos aïeux qui n'avaient pas la chance d'habiter près d'une source d'eau ferrugineuse concoctaient de « l'eau de clou » : de l'eau où on laissait rouiller des clous et qu'on buvait de bon cœur, après l'avoir filtrée, bien sûr. Depuis, la science a mis en évidence la présence de fer dans les légumes (persil, haricots blancs, lentilles, cresson), dans la viande et même dans les orties, dont la soupe serait extrêmement bonne pour la santé. Désormais le fer existe aussi en complément alimentaire, sous forme de comprimés, ce qui est plus moderne mais tellement moins exotique. Il faut enfin noter que certaines étapes de la vie exigent plus d'attention en ce qui concerne sa consommation en fer : la grossesse, l'allaitement et la croissance.

Ma grand-mère m'a dit...

Encore des carottes

De fortes doses de carottes aux repas pendant deux semaines vous redonneront du tonus.

Un lait de poule

Pour les enfants : battez un jaune d'œuf avec 1 cuillerée à soupe de sucre en poudre et quelques gouttes d'eau de fleur d'oranger. Ajoutez ensuite un verre de lait chaud, mélangez et buvez rapidement. Le jaune d'œuf est aujourd'hui reconnu comme étant un bon reconstituant, notamment grâce à la lécithine qu'il contient. Pour les adultes, on peut ajouter 1 cuillerée de rhum, un bon stimulant.

Une purée d'olives noires

Tartinez-la sur du pain complet avec de l'ail, de l'oignon et du persil (à éviter avant un rendez-vous galant...).

Du soja

Sous toutes ses formes.

Du vin blanc mélangé à 30 g de feuilles d'absinthe

Laissez le tout macéré pendant deux jours (30 g de feuilles pour 1 litre de vin). Passez et filtrez, et prenez un verre à liqueur de ce breuvage avant les deux principaux repas.

Un grand verre de jus de pomme frais chaque matin

Vous connaissez le proverbe anglais « one apple a day keeps the doctor away » (une pomme par jour éloigne du médecin). Il est toujours d'actualité.

Pour les « durs à cuire »

Prenez des gousses d'ail pelées et hachées. Mélangez-les à de l'alcool à 40 °C. Fermez hermétiquement le récipient et exposez la mixture au soleil pendant deux semaines. Filtrez et conservez dans une bouteille bien fermée. Il ne vous reste plus qu'à consommer cette liqueur goutte à goutte (passez progressivement de 1 à 20 gouttes, puis diminuez de la même façon) dans une tasse d'eau chaude, chaque jour avant le déjeuner. Un conseil : mieux vaut déjeuner léger après avoir ingurgité cette potion !

Les aphtes sont de petites plaies blanches très douloureuses, peu profondes, entourées d'un halo rouge, et situées dans la bouche. Leur cause est encore inconnue, même si le stress ou une sensibilité à certains aliments – notamment le café, le thé, le chou, le gruyère, les fraises ou les œufs – ne sont pas étrangers à leur apparition. Certains chercheurs pensent qu'une carence en vitamine B12 et en minéraux serait à l'origine de ces petites plaies. Quoi qu'il en soit, si pour les soigner médecins et pharmaciens recommandent de la tétracycline, de la myrrhe, du chlorure de potassium (à ne pas avaler) ou encore du nitrate d'argent, de la benzoïde, du menthol ou de l'alcool, la plupart de ces produits provoquent souvent une douleur insupportable. Et comme dans la bouche tout adhère plutôt mal, leur application répétée devient une vraie torture qui dure entre sept et quatorze jours, le temps de faire disparaître ces petits ulcères buccaux. Nos grands-mères, elles, avaient leurs secrets pour moins souffrir et – peut-être – guérir plus vite. Si après deux semaines, et quel que soit le remède choisi, les aphtes ne guérissent pas, il faudra consulter un médecin. Mais vous n'en aurez peut-être pas besoin.

Ma grand-mère m'a dit…

Bains de bouche aux fanes de carotte

Enfant, vous avez sûrement dû profiter de la préparation d'une bonne purée de carottes maison pour aller dans le fond du jardin donner les fanes aux lapins, sans jamais comprendre pourquoi, à votre retour, votre grand-mère vous reprochait de ne pas avoir conservé ces fanes au frais. Alors, un jour, elle vous a expliqué : c'est bon pour les aphtes. Si vous en avez, lavez ces fanes et faites-en bouillir une poignée une dizaine de minutes. Ensuite, laissez infuser cinq minutes, filtrez, laissez tiédir et pratiquez des bains de bouche ou des gargarismes deux fois par jour.

Version moderne : 3 ou 4 gouttes d'huile essentielle de carotte (en vente dans les magasins d'alimentation diététique et dans certaines pharmacies) prises dans un verre d'eau en bains de bouche ont un effet tout aussi efficace.

Du yaourt tous les jours

Bon nombre d'études ont mis en évidence l'effet de l'acidophilus sur les aphtes. L'acidophilus n'est autre qu'une bactérie (Lactobacillus acidophilus) présente en grande quantité dans le yaourt. Conséquence : manger un yaourt nature tous les jours peut aider à prévenir et même à guérir les aphtes. Et si vous ne supportez pas bien le lactose, bien que le yaourt favorise son assimilation, l'acidophilus existe aussi en gélules vendues en pharmacie (à prendre lors des repas).

Du thé en compresses

Vous n'avez jamais compris pourquoi la pharmacie de vos grands-parents regorgeait de sachets de thé noir ? C'est que le thé noir contient du tanin, un astringent aux propriétés analgésiques (antidouleur) surprenantes. Les dermatologues le savent bien, et certains n'hésitent pas à recommander de recouvrir un aphte avec un sachet de thé noir mouillé.

Un remède vache

Jean-Yves Perron-Autret, médecin-paysan breton, a mis au point un remède tout droit tiré de celui qu'il utilisait pour soigner ses vaches de la fièvre aphteuse : il guérissait ses bêtes en les gavant de sandwichs tartinés de saindoux et bourrés de sauge. Si le saindoux n'a aucune vertu curative en la matière, la sauge – en tisane ou sous forme de vinaigre pris en gargarismes deux fois par jour – semble être un excellent calmant de la douleur.

La science dit oui

La sauge

La médecine moderne reconnaît à la sauge des propriétés antiseptiques, digestives, antispasmodiques et stimulantes. Son nom latin *salvia,* dérivé de *salvus,* ne signifie-t-il d'ailleurs pas « sauvé », ou « sauf » ? Cet aromate est le plus prometteur d'entre tous puisqu'il contient aussi des phyto-œstrogènes, substances végétales chimiquement très proches des œstrogènes humains et qui servent à lutter contre le syndrome prémenstruel et les troubles liés à la ménopause.

Arthrose et arthrite

À ne pas confondre avec l'arthrite, l'arthrose est une maladie dégénérative des articulations, d'origine non inflammatoire. Elle intervient généralement après quarante ans, provoquant une usure et une destruction du cartilage qui entraînent des douleurs et/ou des déformations osseuses. L'arthrose touche principalement les hanches, les pieds, les genoux, les mains et la colonne vertébrale.

L'arthrite, elle aussi maladie des articulations, se caractérise par une inflammation aiguë, souvent douloureuse. Elle provoque également une usure du cartilage et touche toutes les articulations. Cela dit, si un suivi médical est indispensable, nos grands-mères ont depuis longtemps trouvé des anti-inflammatoires naturels pour soulager la douleur causée par ces deux affections avec des produits comme l'huile d'olive, l'huile de poisson ou encore les carottes. Quant au bracelet de cuivre prôné en médecine populaire (voir encadré p. 25), la science réfute encore ses effets bénéfiques.

Selon une étude australienne publiée dans le Journal of Rhumatology, l'huile de poisson, plus vulgairement baptisée huile de foie de morue – oh, les mauvais souvenirs de jeunesse ! –, désormais disponible en gélules, aiderait efficacement les personnes atteintes de polyarthrite rhumatoïde. L'huile de poisson renferme en effet un principe actif : l'acide gras oméga-3. Des études ont montré que prendre 5 ml d'huile de foie de morue par jour suffit pour atténuer les symptômes de la polyarthrite rhumatoïde. Cela est dû à la présence en grande quantité de vitamines A et D qui agissent respectivement comme anti-inflammatoire et comme stimulant pour la croissance des os.

Attention toutefois, une overdose de vitamines A et D peut opérer un effet inverse et entraîner des troubles hépatiques.

Tout comme l'huile de poisson, l'huile d'olive peut être utilisée sans crainte. Par sa composition, elle participe au bon développement osseux grâce à son rôle dans le maintien d'un juste équilibre calcique. On l'utilise aujourd'hui dans des traitements préventifs contre l'ostéoporose, ou encore pour soulager les douleurs rhumatismales.

Et si ce régime gras ne vous emballe pas, nos aïeules vous fournissent encore d'autres recettes.

Ma grand-mère m'a dit...

Jeûne au jus de carotte

Tout le monde le sait, les carottes, c'est bon pour la vue et, en plus, ça donne les fesses roses ! Riches en bêta-carotène (provitamine A), elles sont également reconnues pour favoriser une bonne croissance. Et si, enfin, on dit qu'elles rendent aimable, c'est vrai ! Un homme en bonne santé n'est-il pas toujours plus aimable ? Les médecins américains Davis, Haas, Mollen et Rubinov, spécialistes de ces affections, reconnaissent que le jeûne au jus de carotte prôné par nos grands-mères est bénéfique contre la douleur. Ce régime est simple : pendant une journée, lors de la première semaine, ne buvez que du jus de carotte. Puis jeûnez de cette manière deux jours la semaine suivante, en sautant une journée entre les deux, puis trois jours la semaine d'après. Un suivi médical est bien sûr indispensable.

LA SCIENCE DIT (ENCORE) NON

Le bracelet de cuivre

Six mille ans avant notre ère, les Chaldéens prônaient déjà les vertus du bracelet de cuivre. Puis ce fut au tour des Égyptiens, des Grecs, des Étrusques et des Romains d'être convaincus de ses propriétés thérapeutiques. Présent dans certains aliments et dans l'eau de boisson (taux limité à 1 mg/l), le cuivre est surtout, après l'argent, le meilleur conducteur d'électricité.

Mais tant que rien n'est prouvé par des études sérieuses, la médecine refuse obstinément d'affirmer que ce métal rouge, qui rend la peau verte lorsque l'on y est trop exposé, a une quelconque incidence sur le soulagement de l'arthrose. Au contraire, on sait que le cuivre que contiennent les aliments est difficilement assimilable par l'organisme. Son ingestion entraîne des troubles digestifs (douleurs, diarrhée importante) responsables de déshydratation, voire de pathologies plus graves. D'où la résurgence des anciennes croyances selon lesquelles les arthritiques ont peut-être besoin de se procurer du cuivre d'une autre manière. Le raisonnement est simple : le cuivre provenant d'un bracelet contourne la voie orale en pénétrant dans l'organisme à travers la peau. Mais là encore, rien n'a été scientifiquement démontré. Ce qui ne rend en aucun cas dangereux le port d'un tel bracelet. Il suffit peut-être d'y croire… et d'aimer le vert.

Cataplasmes de chou

Dans les années 1970, cette recette a beaucoup contribué au succès des centres de Maurice Mességué. Elle est peu excitante mais terriblement efficace, d'après nos grands-mères. Mieux vaut, certes, être célibataire ou dormir seul le jour où vous vous lancerez dans ce traitement antidouleur. Car chaque soir, et pour toute la nuit, jusqu'à diminution ou disparition de la douleur, il faudra aller vous coucher avec une feuille de chou desséchée au four et plaquée sur le ventre à l'aide d'un pansement. Apprécié depuis les temps les plus reculés, et déjà utilisé chez les Romains pour ses vertus médicinales, le chou renferme en effet une essence sulfurée efficace contre les douleurs rhumatismales.

Une autre recette préconise d'écraser des feuilles de chou au rouleau à pâtisserie ou au fer à repasser, puis de les appliquer, recouvertes d'un linge, directement sur les articulations douloureuses.

Massages à l'huile d'olive et au jus de citron

Après avoir fait tiédir un mélange d'huile d'olive et de jus de citron, massez pendant un quart d'heure les articulations douloureuses avec cette préparation puis couvrez d'un bandage. De préférence, pratiquez ce massage le soir avant de vous coucher et gardez le bandage toute la nuit. Le citron possède des propriétés reconnues depuis l'Antiquité où il servait d'antidote aux poisons. Il fut ensuite utilisé contre les fièvres, permit d'éradiquer le scorbut sur les bateaux, de lutter contre les angines et les microbes et, au milieu du XIXe siècle, fut recommandé par les médecins pour traiter les rhumatismes articulaires. Dans ce cas, on explique son action antidouleur par la présence des acides citrique et malique, ainsi que de composés flavonoïdes.

La science dit oui

Les acides gras

Substances qui entrent dans la composition des lipides (graisses), les acides gras sont indispensables à la survie de l'organisme. Si certains sont présents naturellement, d'autres doivent êtres apportés en complément par l'alimentation, l'organisme étant incapable de les synthétiser. Ce sont les acides gras essentiels.

Dans cette famille, on distingue :

– les acides gras saturés. On les trouve dans les graisses animales, les produits laitiers et les fruits oléagineux. À consommer avec modération, car ils favorisent l'usure des artères ;

– les acides gras insaturés, eux, proviennent des huiles végétales. Les plus connus sont communément appelés oméga-3 et oméga-6. D'après les innombrables études sur ces acides gras essentiels, si leur effet sur le LDL (le mauvais cholestérol) est insignifiant, ils provoqueraient en revanche une élévation du HDL (le bon cholestérol). Pour ceux qui n'aiment pas le poisson, l'huile de foie de morue ou l'huile d'olive, principaux fournisseurs de ces acides gras oméga-3 ou 6, des gélules existent en pharmacie.

Attention, l'asthme n'est pas une maladie à prendre à la légère. Des milliers de personnes en meurent chaque année. L'asthme est une affection respiratoire due à une obstruction des bronches. Il peut se manifester à tout âge, dès l'enfance. Les crises d'asthme sont en général déclenchées par une infection rhino-pharyngée, mais aussi par la poussière, le tabac ou une allergie. Une consultation médicale est obligatoire pour ceux qui en sont atteints.

Ma grand-mère m'a dit…

En cas d'urgence, 2 tasses de café ou de chocolat

Vous êtes de sortie et votre inhalateur est resté à la maison. Une crise d'asthme se prépare. Précipitez-vous dans un bistrot et demandez deux cafés noirs bien serrés. Le remède du siècle dernier est désormais reconnu ! En effet, selon des études menées par l'université de Manitoba, à Winnipeg (Canada), et publiées dans le *New England Journal of Medicine,* la caféine soulage l'obstruction des bronches et permet de mieux respirer. Attention, ce n'est en aucun cas un substitut aux médicaments. Il s'agit d'un « remède de secours ». La caféine est un puissant stimulant des systèmes nerveux et cardio-vasculaire. Ses effets secondaires sont connus : agitation, insomnie et, dans les cas les plus graves, tachycardie, anxiété, convulsions, palpitations et dépendance. N'en abusez pas !

D'autres études ont également montré l'effet bénéfique du chocolat (deux tasses aussi), toujours en cas d'urgence. De surcroît le chocolat est un antidépresseur reconnu, en raison du magnésium qu'il contient. C'est valable aussi pour le chocolat en tablettes !

Massage à l'ail

Voici une recette pour célibataires... ou pour ceux qui veulent le rester ! Car si ce remède, également utilisé pour traiter les bronchites ou dégager les poumons, semble efficace, question odeur il n'est pas d'une grande attirance. Bref, pour les solitaires, broyez deux gousses d'ail dans 50 cl d'huile d'olive. Appliquez cette mixture sur la plante des pieds et la colonne vertébrale en massant légèrement. L'ail, grâce à l'alliine et l'allicine qu'il contient – sans oublier ses nombreuses vitamines –, est réputé renforcer les défenses de l'organisme contre les allergènes.

On peut aussi faire macérer une gousse d'ail pendant huit jours dans un verre d'alcool à 90°. Il suffit ensuite de prendre de ce mélange sur un morceau de sucre.

Pour calmer une crise assez forte, imprégnez du mélange ail-alcool un linge auparavant trempé dans de l'eau très chaude. Appliquez ensuite cette compresse chaude sur la poitrine. La chaleur est indispensable pour l'efficacité de ce traitement.

De multiples études et recherches confirment aujourd'hui les propriétés des constituants de l'ail et de son principal principe actif : l'allicine. L'allicine et ses éléments soufrés peuvent faciliter grandement la respiration chez les asthmatiques grâce à leurs propriétés mucolytiques (permettant de fluidifier le mucus) et mucocynétiques (facilitant l'expectoration du mucus).

Infusion de thym (15 g pour 1 l d'eau)

Les vertus antiseptiques du thym sont reconnues depuis l'Antiquité. Les crises d'asthme étant souvent déclenchées par une infection, le thym peut aussi, dans ce cas, se révéler utile.

Aujourd'hui, avec la découverte du thymol, essence camphrée et bactéricide puissant, on sait que les anciens avaient raison. Le thym et son huile essentielle se retrouvent désormais dans la composition de nombreux médicaments antiseptiques et anti-infectieux capables de traiter bronchite, toux, rhume, grippe, plaies et symptômes de fatigue. Les recettes au thym sont employées en bains de bouche, gargarismes, infusions ou en application locale.

BALLONNEMENTS (ET FLATULENCES)

La médecine actuelle préconise le charbon, comme nos aïeules. Il est impossible de dater précisément le moment où une personne décida la première d'avaler du charbon pour combattre ses maux d'estomac comme les ballonnements et flatulences qui les accompagnent. Mais aujourd'hui, bien sûr, il n'est plus question de vous envoyer acheter des sacs de charbon de bois ou de conserver les cendres après un feu de cheminée. Le charbon dont nous parlons est le charbon activé. Certes cela demeure du charbon végétal, mais traité à très haute température pour augmenter son pouvoir absorbant. Il se présente sous forme de petits granulés noirs ou, mieux, de gélules (elles ne teintent pas la bouche en noir). Vendus en pharmacie, ces deux produits luttent efficacement contre les ballonnements et les flatulences. Le charbon contient en effet des molécules capables d'absorber bulles de gaz et bactéries qui les produisent. Comment ? En les enrobant comme des bonbons ! Ces gaz proviennent d'une fermentation anormale des aliments ingérés. Une fois qu'ils sont éliminés, le ventre fonctionne à nouveau normalement. Un inconvénient : les selles peuvent être teintées de noir et l'ingestion trop rapide de ces granulés ou gélules peut provoquer des vomissements ou une légère constipation. Il reste que le traitement au charbon activé est sans doute le meilleur qui soit dans ce domaine. Mais il existe d'autres « trucs ».

Ma grand-mère m'a dit...

Infusion de romarin

Très utilisé chez les Grecs, les Égyptiens et les Arabes pour soigner des troubles digestifs et réguler le transit intestinal, le romarin, la « rosée de mer » (Rosmarinus) contient des flavonoïdes, substances permettant de lutter contre les spasmes intestinaux et de réduire les ballonnements. Au Moyen Âge, on recommandait déjà d'en brûler pour chasser « le mauvais air ». Antiseptique léger, il possède aussi des propriétés tonifiantes et aiderait même à lutter contre la dépression. Mais c'est en cas de troubles digestifs mineurs, en particulier ceux qui sont à composantes spasmodiques, qu'il est le plus indiqué. La présence dans son huile essentielle de camphre, de cinéol, de bornéol et d'alpha-pinène contribue efficacement à lutter contre les spasmes. Pour préparer une infusion de romarin, faites bouillir 1 l d'eau puis éteignez le gaz. Jetez dans cette eau du romarin fleuri, séché ou frais (50 g environ), et laissez infuser une dizaine de minutes. Une tasse après chaque repas principal.

De l'ail

Pour tout ce qui tient de l'infection intestinale, des flatulences et des ballonnements, ma grand-mère avait un remède infaillible : avalez de l'ail bouilli et réduit en pâte.

Vinaigre et menthe

Présentes sur toute la planète, les différentes espèces de menthe ont des propriétés médicinales similaires. Leurs vertus calmantes et antispasmodiques sont vantées depuis les temps les plus reculés. Leurs vertus digestives expliquent certainement la coutume orientale du thé à la menthe après les repas.

De son côté, prôné depuis longtemps, le vinaigre – et particulièrement celui de cidre – a lui aussi acquis ses lettres de noblesse scientifiques pour le soulagement qu'il apporte en cas de flatulences et de ballonnements. Prendre un verre de vinaigre de cidre avec de la menthe une fois par jour ne peut donc qu'améliorer la situation.

Décoction d'aneth et gingembre (à parts égales)

D'après tous les textes anciens, le fenouil bâtard ou aneth est un aromate réputé aider à digérer. Il constitue une excellente source de bêta-carotène et de vitamine C antioxydante, et joue un rôle protecteur de l'organisme tout entier. Ajouter de l'aneth à vos plats est donc non seulement savoureux, mais bon pour la santé. De plus, cela rendra vos mets plus digestes. Quant au gingembre, ses vertus digestives ont été reconnues, même si ce sont surtout ses propriétés stimulantes que l'on retient. Pour que le gingembre agisse efficacement sur la digestion, il est conseillé de l'absorber une demi-heure avant le repas. Pour préparer une décoction d'aneth et de gingembre, plongez les plantes dans de l'eau froide et laissez-les reposer quelques minutes. Ensuite, faites-les bouillir dans l'eau de dix à quinze minutes en moyenne avant de filtrer au tamis et de boire.

Boutons de fièvre

Depuis deux jours, votre lèvre picote, rougit et gonfle. Un bouton de fièvre arrive... et vous en avez l'habitude. Eh oui, d'après les médecins, c'est la maladie la plus répandue après le rhume. Presque personne n'échappe à Herpes simplex, virus à l'origine de ces petits points rouges douloureux qui viennent s'incruster sur une lèvre ou au coin de la bouche avant de former une croûte bien peu esthétique, qui peut mettre jusqu'à deux semaines avant de disparaître. Et le pire, dans tout ça, c'est que l'herpès est hautement contagieux. On peut le contracter dès les premiers mois de la vie et il suffit d'un contact direct avec la peau pour le transmettre. Résultat, quand le bouton pointe, terminé les bises et embrassades, oublié les mauvaises habitudes de manger avec les doigts ou de boire à la bouteille. Scientifiquement, l'herpès récurrent (celui qui provoque des boutons de fièvre) est une infection virale qui peut aussi toucher les parties génitales. Dans ce cas, il est très délicat à traiter et un suivi médical s'impose.

En ce qui concerne les boutons de fièvre, disons-le, aucun traitement n'est aujourd'hui totalement satisfaisant. On a même coutume de dire que lorsque l'on a de l'herpès, c'est pour toujours. Heureusement, ces boutons ne se manifestent pas tout le temps. Ils peuvent être activés à l'occasion d'une fièvre, du stress, des règles, d'un coup de soleil ou d'un état de fatigue avancé. Pour ne pas rester deux semaines avec ce bouton disgracieux, il faut le traiter. Le bouton de fièvre, pour se développer, a besoin d'arginine, un acide aminé. Le chocolat, le Coca-Cola, les petits pois, les arachides, les noix de cajou, la bière et le poulet sont riches en arginine. Évitez-les le temps de la crise. Et puisque les traitements médicamenteux visant à éradiquer le virus sont plutôt décevants, recourez aux secrets de « bonne femme ».

Ma grand-mère m'a dit...

De la glace et de la vaseline

Un moyen infaillible pour faire disparaître rapidement les boutons de fièvre. Il suffirait en effet d'appliquer une poche de glace directement sur le bouton pendant quarante-cinq minutes. Deux jours après, il n'est plus là. Magie ? Pas vraiment. Ce remède est semblable à la cryothérapie, ou thérapie par le froid, utilisée en dermatologie pour détruire ou atténuer bon nombre de lésions cutanées.

Un peu de vaseline sur le bouton serait également un bon remède. Mais, surtout, attention à ne pas remettre le doigt qui a touché le bouton dans le pot de vaseline : cela risquerait d'y déposer le virus.

Cataplasmes de fleurs de camomille

Au XVIe siècle, la camomille, notamment la camomille romaine à utiliser dans cette recette, était considérée comme une mauvaise herbe. Trois siècles plus tard, nos mémés ne juraient que par elle. Depuis, des études ont démontré son action anti-inflammatoire due à son huile essentielle contenant du chamazulène.

Prenez des fleurs de camomille séchées et hachées, mélangez-les à de l'eau tiède jusqu'à obtenir une pâte onctueuse. Posez quelques minutes directement sur le bouton et renouvelez l'application autant de fois que nécessaire jusqu'à complète disparition.

Compresses de jus de citron

On l'utilise depuis la nuit des temps et, aujourd'hui, le citron est non seulement devenu un condiment très apprécié mais aussi un médicament aux vertus reconnues. Parmi elles, on retient surtout une action anti-infectieuse, détoxicante, désinfectante, antibiotique et fortifiante grâce à la vitamine C qu'il renferme en grande quantité (52 mg/100 g) et à l'essence essentielle tirée du zeste. Pour faire disparaître les boutons de fièvre, mélangez, à parts égales, du jus de citron et de l'eau. Appliquez à l'aide d'un coton sur le bouton.

Du yaourt

Votre enfant n'arrive décidément pas à manger son yaourt proprement. Il s'en met partout autour de la bouche. S'il a un bouton de fièvre, ne retirez pas le yaourt ! Étalez-le sur le bouton. En effet, d'après les conclusions du Dr Morton Malkin, dentiste à New York, les bactéries Lactobacillus présentes dans le lait fermenté chassent l'herpès de l'organisme. Le yaourt seul ne suffit pourtant pas à faire reculer le virus – il faudrait en ingurgiter des quantités considérables. Il est donc recommandé de prendre en complément de la vitamine B (jaune d'œuf, lait, viande, céréales, légumes) et de boire beaucoup de liquide.

Compresses à l'ail

Encore l'ail, mais oui ! Si vos grands-parents connaissaient déjà ses multiples bienfaits, désormais il figure certainement comme « l'alicament » (contraction d'aliment et de médicament) le plus utilisé et le plus efficace pour traiter de nombreuses infections et maladies. S'il est bon pour lutter contre le cholestérol, l'ail est également efficace contre l'herpès simplex grâce à ses antiviraux capables d'isoler le virus et de prévenir l'apparition des vésicules (les boutons).

Dès que vous sentez venir les premiers picotements annonciateurs d'une défiguration certaine, frottez une gousse d'ail épluchée sur le bouton en phase de formation.

Maladie de l'hiver, la bronchite est une affection respiratoire liée à un refroidissement. On distingue deux types de bronchites : aiguë et chronique. La bronchite aiguë est une infection qui se caractérise par une toux sèche, accompagnée ou non de fièvre. La bronchite chronique (plus de trois mois dans l'année trois ans de suite) est une maladie très fréquente et d'une extrême gravité. Trois millions de Français en moyenne en sont atteints et trente-cinq mille d'entre eux en meurent chaque année. Ses symptômes sont une toux et une expectoration chroniques, et un suivi médical est obligatoire. L'arrêt du tabac, de nombreux traitements visant à dégager les bronches encombrées, la kinésithérapie respiratoire, l'inhalation d'anti-inflammatoires ou encore la vaccination contre la grippe apportent de bons résultats, mais d'autres remèdes existent, qui nous viennent tout droit du passé.

Ma grand-mère m'a dit...

Fiente blanche de poule : quand même pas !

« Prendre gros comme un œuf de pigeon de la fiente blanche de poule, la mettre dans un linge, la faire bouillir une minute dans une chopine de mergué [petit-lait], presser, sucrer (si l'on n'a pas de sucre mettre du miel) et faire prendre au malade au lit. » Cette vieille recette tirée des secrets de grands-mères de l'Aubrac n'est évidemment plus à conseiller tant la science a mis en valeur les vertus d'autres produits plus appétissants que la fiente de poule. Mais à l'époque, dans nos campagnes, pourquoi se compliquer l'existence alors que le poulailler n'était jamais très loin, que les vaches fournissaient le lait, et que le miel – dont on connaissait depuis longtemps les bienfaits pour la santé – dormait tranquillement dans le garde-manger depuis des lustres ?

De l'eucalyptus

D'après le Pr Kurt Hostettmann, de l'école de pharmacie de l'université de Lausanne, « certaines plantes aux propriétés antiseptiques, expectorantes et surtout sécrétolytiques sont à même d'apporter un soulagement efficace. La palme revient sans aucun doute à l'eucalyptus, dont les feuilles séchées entrent dans la pharmacopée européenne. Antiseptique, l'eucalyptus est un décongestionnant des voies respiratoires. Il permet de mieux respirer ». Aujourd'hui présent en pharmacie sous diverses formes (sirops, gouttes pour les inhalations, pommades pour les frictions), l'eucalyptus peut aussi se prendre en tisane. Attention toutefois à l'huile essentielle de la plante. Une dizaine de millilitres d'huile d'eucalyptus peut entraîner la mort. En revanche, à raison de 0,1 à 0,2 ml/jour, aucun risque de toxicité n'est à craindre. Cependant, les personnes atteintes d'une maladie hépatique grave ne devraient pas en consommer, ni les enfants de moins de deux ans.

À prendre aussi sous forme de pommade, d'huile nasale, de capsules pour les inhalations, pastilles à sucer, produits pour le bain.

En pommade, l'appliquer sur le dos et la poitrine (jamais sur le visage ni les muqueuses) une ou deux fois par jour. En cas d'irritation de la peau, arrêter le traitement. L'eucalyptus se prend aussi en inhalations ou en pastilles à sucer plusieurs fois par jour, deux ou trois jours par semaine, jusqu'à disparition des symptômes.

Du miel

Tout aussi efficace pour dégager les bronches : le miel. Autrefois tous les sirops étaient édulcorés au miel, remplacé aujourd'hui par le sucre, probablement pour des raisons économiques, le miel étant plus cher que le sucre tiré de la betterave. Le miel a néanmoins fait scientifiquement ses preuves dans le traitement des laryngites, pharyngites et trachéo-bronchites. Et l'on n'a pas attendu les résultats d'études scientifiques pour le savoir. Le Livre des Proverbes de la Bible évoquait déjà le miel « doux à la gorge et salutaire aux os ».

Utilisé depuis la nuit des temps, le miel est devenu pour de nombreux peuples une nourriture sacrée liée à l'énergie et à la longévité. Riche en sels minéraux, en oligoéléments, en glucides, en vitamines B2, B3, B5, B6, B9, C et en acides aminés, il fait aujourd'hui l'unanimité des scientifiques autour de ses vertus thérapeutiques. C'est donc un aliment très sain, et les substances antibiotiques naturelles qu'il contient le protègent contre toute contamination extérieure. Il peut donc se conserver indéfiniment.

Sirop de radis au miel

Si nos grands-mères ont très tôt utilisé le miel pour « réchauffer les bronches » et lutter contre la toux, certaines ont peaufiné leurs recettes de sirop expectorant en y associant le radis noir. Pour faire un sirop expectorant, c'est-à-dire favorisant l'évacuation des bronches encombrées en cas de toux sèche, prenez un radis noir bien piquant, passez-le au mixeur pour en faire de la purée que vous mettrez ensuite dans un bocal. Avant de refermer le bocal, couvrez cette purée de radis d'une couche de miel d'acacia blond, touillez et laissez au frais une quinzaine de jours en prenant soin de fermer hermétiquement le récipient. Il suffit ensuite d'en prendre 3 à 6 cuillerées à soupe par jour afin de bien fluidifier les sécrétions.

Nous avons découvert une variante de ce sirop où l'on remplace le miel par du sucre. Là, il faut râper un radis, le mélanger à son poids de sucre brun, et laisser macérer le tout deux jours. Ensuite prenez un tissu fin, versez-y la potion, serrez bien fort pour en extraire le sirop et prenez-en 8 à 12 cuillerées à soupe par jour jusqu'à amélioration de votre état respiratoire. Bien sûr, en cas de bronchite chronique, le médecin reste votre interlocuteur privilégié.

De l'ail au lait

Dans nos campagnes, une bonne bronchite s'est longtemps soignée en ingurgitant de la soupe à l'ail bien chaude. Une autre version de ce remède ? Plongez deux gousses d'ail dans une tasse de lait froid. Portez le tout à ébullition et laissez cuire une dizaine de minutes. Buvez chaud. L'ail est l'aliment respiratoire par excellence. L'huile essentielle qu'il contient possède des vertus expectorantes et antiseptiques, et ses substances soufrées, quant à elles, désinfectent les poumons. Cela marche aussi avec de l'oignon. Faites bouillir trois oignons dans 50 cl d'eau, filtrez et sucrez au miel pour faire passer le goût.

Inhalation au citron

Faites bouillir 75 cl d'eau. Éteignez le feu. Ajoutez 5 gouttes d'huile de citron. Placez la tête au-dessus de la casserole et inhalez les vapeurs. À renouveler trois fois par jour.

Frictions et compresses sur le thorax

Avec de l'huile d'olive chaude à l'eucalyptus, à l'ail, au citron, à la lavande ou à la sauge.

Cataplasmes de vinaigre de cidre sur la poitrine

Le vinaigre, composé d'eau et d'acide (acétique), de sels minéraux, d'oligoéléments, de pectine et de bêta-carotène, est en effet réputé depuis des siècles dégager les voies respiratoires supérieures – nez, gorge, sinus – et inférieures – bronches, poumons.

Scientifiquement, le bronzage est le résultat d'une pigmentation de la peau qui se produit sous l'effet des rayons ultraviolets (UV). Pour beaucoup, il est la marque indispensable de vacances réussies. Cependant, s'il n'est pas préparé, le bronzage peut se transformer en un cauchemar pour la peau. La couleur dorée provient de la mélanine, pigment naturel qui, sous l'effet des UV, remonte des profondeurs de la peau pour la colorer en surface. La mélanine est la meilleure protection contre les coups de soleil. Évidemment, toutes les peaux ne réagissent pas de la même façon aux effets nocifs des UV : certaines même ne bronzent jamais. Cela dit, si les crèmes autobronzantes et autres pilules à bronzer peuvent faire illusion et ne présentent pas de danger, on peut « préparer son bronzage » de façon plus naturelle. Votre corps appréciera ! Si la cure de carottes fait désormais partie des banalités d'usage, d'autres recettes – moins éprouvées – sont à essayer pour un bronzage rapide, naturel et qui protège la peau.

Ma grand-mère m'a dit...

Crèmes solaires à l'huile d'olive

Appliquez des compresses d'une crème solaire composée d'un tiers d'huile de tournesol, un tiers d'huile de pépins de raisin, un tiers d'huile d'olive verte (120 g) et fortement battue au jus de citron. Une variante : crème solaire à l'huile d'olive (25 cl) et au jus de deux citrons.

Cure de carottes

Trois semaines avant de partir au soleil, suivez une cure de jus de carotte à raison de deux verres par jour. La recette est tellement connue qu'il n'y a pas besoin de l'accréditer par des thèses et résultats d'études en tout genre.

Version moderne : des gélules à base de tomate et de bêta-carotène. En pharmacie.

Le thé autobronzant !

Pour avoir bonne mine sans avoir le teint jaune orangé parfois provoqué par les autobronzants, frottez les parties de votre corps que vous souhaitez mettre en valeur avec du coton imbibé de thé noir infusé. Si le thé possède une image plutôt « art de vivre », sachez qu'il était déjà utilisé par les peuples de la Chine ancienne comme un stimulant intellectuel et musculaire. Aujourd'hui, les études scientifiques ont fait du thé vert ou noir un ingrédient actif pour traiter de nombreuses pathologies. C'est donc tout naturellement que la dermatologie s'est également penchée sur ses vertus. Riche en vitamine A, B2 et en zinc, le thé favorise la beauté, l'assouplissement et la régénération de la peau. Ce qui ne dispense pas d'appliquer une crème solaire lors de l'exposition au soleil.

Un masque autobronzant au yaourt et au jaune d'œuf

Attention, cette recette ne protège pas la peau et ne vous dispense donc pas de crème solaire ! En revanche, comme le thé, ce masque prépare la peau au bronzage en hâlant légèrement l'épiderme.

Dans un bol, battez un jaune d'œuf avec 2 cuillerées à café de yaourt nature. Ajoutez 1 cuillerée à café d'huile d'olive et 5 gouttes d'huile essentielle de carotte. Remuez doucement le tout puis appliquez sur le visage et le cou. Gardez cette mixture une vingtaine de minutes avant de rincer à l'eau minérale. De quoi avoir bonne mine avant de partir en vacances.

Brûlures
(douleurs provoquées par les)

On dénombre entre 400 000 et 500 000 brûlures par an en France ; 150 000 à 200 000 sont invalidantes, 15 000 à 20 000 nécessitent une hospitalisation, dont 2 500 dans un centre de grands brûlés. Les brûlures, selon leur gravité et surtout leur profondeur, sont classées en trois catégories. Les brûlures au 1er degré n'affectent que la couche supérieure de la peau. Les brûlures au 2e degré détruisent la peau en profondeur et laissent apparaître une cloque. Les brûlures au 3e degré détruisent la peau jusqu'au derme et ne cicatrisent pas spontanément. Dans ce cas, une greffe de peau est souvent nécessaire. Avant de gagner un centre de soins spécialisés, il n'y a qu'une chose à faire pour soulager la douleur : mettre la plaie sous l'eau froide et propre. Cela permet de mettre fin à la combustion des tissus, « d'éteindre la brûlure ». N'hésitez pas à laisser votre brûlure quinze à trente minutes sous l'eau si elle est importante. Toutes les brûlures n'étant pas catastrophiques, nos ancêtres, autodidactes en matière de premiers secours, ont développé leurs propres soins antidouleur, que parfois dénie encore la médecine d'aujourd'hui. Nous nous contenterons donc dans ce chapitre d'aborder les remèdes antidouleur concernant des brûlures superficielles, sans plaies ouvertes. Recettes qu'il est impératif d'appliquer uniquement après avoir « éteint » et nettoyé la brûlure à l'eau froide, répétons-le. Et nous ne saurions trop vous conseiller, pour diagnostiquer le degré de votre brûlure, de consulter un spécialiste avant de jouer les pompiers de service.

Cataplasmes de bicarbonate et de vinaigre

Mélangez les deux ingrédients jusqu'à obtenir une pâte épaisse, et appliquez-la sur la brûlure.

Cataplasmes de pomme de terre

Râpez une pomme de terre. Imprégnez-la soigneusement de jus de citron. Ajoutez un peu d'huile de germe de blé afin d'obtenir une pâte un peu épaisse. Appliquez directement sur la brûlure en maintenant le produit à l'aide d'un bandage pendant une heure. On peut aussi passer délicatement (comme une caresse) la pomme de terre sur la partie brûlée, ou encore couper une rondelle qu'on laissera appliquée sous un bandage.

Cataplasmes de jaune d'œuf et de beurre

Il peut paraître paradoxal de proposer une telle recette alors que tout spécialiste qui se respecte conseille de ne jamais utiliser de gras pour traiter une brûlure. Le beurre et l'huile n'étant pas stériles, la plaie risque une surinfection. En fait, le gras peut être bénéfique à la cicatrisation et soulager la douleur uniquement dans la mesure où l'on a au préalable « éteint le feu » de la brûlure en la passant longuement sous l'eau froide ou en l'enveloppant de glace. Ce n'est donc qu'une fois apaisée que la brûlure peut recevoir des corps gras (ne met-on pas de la Biafine ou du tulle gras sur les brûlures ?). Cette recette de cataplasmes consiste donc à faire ramollir du beurre et à le mélanger avec un jaune d'œuf. Appliquez le mélange sur la plaie et recouvrez d'une gaze. Il paraît que le blanc d'œuf, seul et battu en neige, fait également disparaître la douleur.

Oignon cru

Écrasez un oignon cru et appliquez-le sur la brûlure. Les plus courageux ajouteront une pincée de sel.

Calculs biliaires

« Trois gousses d'ail prises à jeun, la veille de chaque nouvelle lune, évacuent les calculs biliaires à la condition d'être bues avec un bon verre de vin blanc. » Pas de panique ! Voici ce que devaient endurer, il y a encore quelques dizaines d'années, ceux qui faisaient une confiance aveugle aux recettes de leur grand-maman. Nous n'essaierons pas de les imiter... à moins qu'un savant renommé nous dise que les vomissements, que ne saurait éviter l'adepte de cette potion matinale dépurative, offrent une nouvelle voie révolutionnaire d'expulsion des calculs biliaires. Ce n'est pas demain la veille ! Plus sérieusement, si la consommation d'ail est recommandée contre les calculs biliaires, c'est uniquement pour prévenir leur apparition. Appelée aussi lithiase biliaire, la présence de calculs biliaires est une affection qui touche surtout les personnes ayant des problèmes de surpoids. Les calculs qui se forment dans les voies biliaires (vésicules ou canaux hépatiques) sont composés de cholestérol, souvent mélangé à la bile. Et il faut parfois avoir de la chance pour se rendre compte de leur présence dans l'organisme car la lithiase biliaire ne laisse apparaître aucun symptôme. Seule l'échographie abdominale ou des douleurs aiguës provoquées par le blocage d'un calcul suivi d'une colique hépatique permettent de la détecter. Il existe d'autres types de lithiases entraînant la formation de calculs dans les canaux d'évacuation de certains organes comme les reins (lithiase rénale ou urinaire), les glandes salivaires (lithiase salivaire) ou la vésicule biliaire (lithiase vésiculaire).

Pour prévenir la formation de ces calculs biliaires, ou pour aider à leur expulsion, l'huile d'olive est tout indiquée. L'huile d'olive n'agit pas seulement sur le transit intestinal et l'estomac, elle favorise aussi le travail de la vésicule biliaire, ce qui améliore la digestion et l'élimination fécale. Comme quoi la croyance populaire selon laquelle absorber 1 cuillerée à soupe d'huile d'olive à jeun avant de faire des excès de table n'est pas si farfelue que cela. Et puis, nous le verrons plus loin, l'huile d'olive constitue un ennemi efficace contre le cholestérol.

Selon certaines études, ajouter du son à votre alimentation peut également avoir des effets protecteurs et préventifs. Une étude a en effet montré que la présence de son dans l'alimentation réduit considérablement la saturation de cholestérol dans la bile. Les fibres alimentaires contenues dans cette céréale (et dans toutes les autres d'ailleurs) joueraient ici un rôle important. Les fibres n'étant pas digérées, elles font office de ballast vis-à-vis des déchets alimentaires, mais réduisent ou ralentissent aussi l'absorption de glucides et de lipides, ce qui aide à réguler voire à réduire le taux de cholestérol et de triglycérides. Selon les études du Dr Burkitt, médecin d'origine britannique qui pressentit le premier l'intérêt des fibres alimentaires, les consommateurs de céréales seraient beaucoup moins sujets aux affections cardio-vasculaires, aux affections biliaires, au diabète ou même aux varices. Dans le cas des calculs biliaires, c'est du son complet, non transformé, qu'il faut consommer. On pense que le son complet, non traité, assez gros, est plus efficace que le son sous forme de petites particules.

L'ail, enfin, à qui l'on a donné au fil de l'histoire toutes les vertus thérapeutiques imaginables – et qui se révèlent aujourd'hui incontestables –, pourrait également contribuer à éviter la formation de calculs grâce à son rôle contre le cholestérol.

Ma grand-mère m'a dit...

De l'huile d'olive

Traitement de choc en perspective, à suivre par les vrais amateurs d'huile d'olive puisque selon le Dr Lautié, spécialiste de l'olivier et de ses utilisations pour notre santé, 500 g d'huile par jour, à avaler en plusieurs fois, en dehors des repas, permettraient de lutter efficacement contre les calculs. Ce remède, précise-t-il, s'utilise surtout comme sédatif.

Cure d'huile d'olive : 1 cuillerée à soupe le matin, à jeun, pour faciliter l'expulsion des petits calculs. Durée de la cure : vingt jours environ.

Un dernier remède, encore pratiqué occasionnellement dans nos campagnes, mais que les scientifiques n'ont pas validé, consiste à se coucher sur le dos et à boire 1 ou 2 cuillerées à soupe d'huile d'olive bien citronnée. Une demi-heure plus tard, il faudra se tourner du côté droit. Ce stratagème permettrait aux calculs de ne pas se bloquer.

S'il y a bien un domaine où les remèdes de grands-mères font merveille, c'est dans les soins de beauté, et plus particulièrement celui des cheveux. Le marché de la cosmétologie est aujourd'hui inondé de shampooings aux œufs, de démêlants à l'avocat et de toute une gamme de produits aux extraits naturels de plantes, fruits, légumes, pour cheveux secs, gras, fatigués, endommagés ou truffés de pellicules. En un mot, l'heure de gloire pour nos mamies observatrices et souvent visionnaires. Voici donc une sélection de certaines de leurs recettes pour prendre soin de nos 150 000 cheveux (ne les comptez pas, c'est une moyenne !).

Ma grand-mère m'a dit...

De la bière !

Utilisée depuis des décennies et toujours efficace, la bière, grâce à sa richesse en vitamines B et PP, embellit les cheveux. Ses vitamines renforcent en effet la fibre capillaire. La bière est en outre une excellente lotion fixative. Le truc consiste à verser de la bière sur les cheveux après les avoir lavés et séchés à la serviette, mais avant de les passer au séchoir ou de les coiffer. Si une cure de levure de bière semble plus indiquée que de se verser le contenu de plusieurs canettes sur la tête, sachez qu'un shampooing avec une bonne pinte de bière donne du corps aux cheveux et constitue un démêlant efficace.

Garçon, un demi !

Bonne pour lubrifier et hydrater les cheveux secs, la bière est aussi une excellente lotion coiffante pour cheveux gras. Meilleure en tout cas que les mousses, qui assèchent trop souvent les cheveux et bloquent les pores. Là, pas besoin de concocter une lotion spéciale : versez directement de la bière en bouteille sur la chevelure. L'odeur disparaît rapidement au séchage.

Shampooing à la mayonnaise

Vos enfants sont de la génération McDo et ne repartent jamais de ces fast-foods sans quelques sachets de mayonnaise dans les poches qui finiront leur vie à la poubelle... ou dans vos cheveux ! En effet, la présence d'œufs dans les shampooings vendus en magasin l'atteste : le jaune d'œuf, c'est bon pour les cheveux. Mais la mayonnaise c'est encore mieux, puisqu'elle constitue un formidable revitalisant. Il suffit pour cela de la laisser agir dans les cheveux entre cinq minutes et une heure avant de rincer.

Cheveux secs : avocat, huile d'olive et romarin

Masque à la crème d'avocat

La chair de l'avocat constitue un ingrédient idéal pour composer une excellente crème de soin pour cheveux secs. Écrasez la pulpe d'un avocat avec un jaune d'œuf. Appliquez cette crème en massage sur des cheveux non lavés et secs. Il faut laisser agir pendant au moins un quart d'heure, la tête enveloppée dans une serviette. Lavez-vous ensuite les cheveux normalement.

Masque à l'huile d'olive et au romarin

Deux minutes de préparation, une heure de pose et vos cheveux seront réhydratés. Tel est le résultat de ce masque composé de 5 cl d'huile d'olive et de 25 gouttes d'huile essentielle de romarin. Enduisez votre chevelure en insistant bien sur les pointes puis enveloppez-vous la tête d'une serviette chaude. Laissez « travailler » ce masque une heure avant de vous laver les cheveux normalement.

Cheveux gras

Séchoir, brosse, mousse coiffante, rien à faire, vos cheveux restent désespérément plats : ils sont gras. Et ne comptez pas sur votre cuir chevelu pour produire moins d'huile. Des glandes sébacées situées à la base de chaque cheveu sécrètent en effet du sébum, matière huileuse. Quand le sébum est dégagé en trop grande quantité, les cheveux deviennent « gras ». Et plus on a de cheveux, plus c'est gras. Surtout s'ils sont raides et fins, l'huile adhérant bien mieux à ce type de chevelure. Voici donc quelques solutions « ancestrales » pour enlever l'huile au fur et à mesure qu'elle est produite. Mais attention, si ces remèdes peuvent agir ponctuellement, aucun d'entre eux ne réglera le problème définitivement : on ne lutte pas contre la nature !

Massage au son

Vous avez cinq minutes devant vous et du son de blé sous la main ? Vos problèmes de cheveux gras peuvent alors se résoudre grâce à cette recette normande. Réduisez en poudre fine 2 cuillerées à soupe de son de blé. Massez votre cuir chevelu avec cette poudre quelques minutes avant de vous laver les cheveux, le son aura alors absorbé l'excès de sébum. Votre chevelure devient souple, soyeuse et facile à coiffer.

Friction au citron

On ne sait pas qui eut le premier l'idée de se rincer les cheveux au jus de citron. Toujours est-il que la recette ne date pas d'hier et qu'elle a fait ses preuves. On pense tout de même que l'acidité du fruit n'est pas étrangère aux résultats constatés sur les cheveux gras.

Pressez le jus de deux citrons, ajoutez-le à 1 litre d'eau pure ou distillée et rincez-vous les cheveux avec.

Une autre variante suggère de mélanger 5 cuillerées à café de saponaire à 50 cl d'eau, de porter à ébullition puis de laisser infuser dix minutes. Ajoutez à l'infusion refroidie, le jus d'un citron, 2 jaunes d'œufs et 5 gouttes d'huile essentielle de citron. Mélangez le tout et lavez-vous les cheveux avec.

Vous pouvez enfin verser le jus de citron dans un demi-verre d'alcool à 45°, l'appliquer raie par raie et laisser agir cinq minutes avant de laver les cheveux. L'alcool assèche le cuir chevelu, régulant ainsi l'excès de sébum.

Cataplasmes d'argile

Pas besoin de centaines d'études sophistiquées pour mettre en évidence les bienfaits de l'argile dans les soins de beauté : ça se voit ! Et nos mamies l'ont constaté bien avant les scientifiques. Elles qui lavaient leur linge au lavoir installé au bord de la rivière ont souvent pétri dans leurs doigts cette boue fine et modelable. Et elles se sont bien vite rendu compte de ses vertus. Pour ceux qui demeureraient sceptiques, disons simplement que l'argile est une matière hautement absorbante. On comprend alors que, placée sur les cheveux sous forme de cataplasme, l'argile absorbe l'huile indésirable.

Appliquez un cataplasme d'argile une fois par semaine. Pour cela, diluez de l'argile en poudre (vendue en pharmacie ou dans les magasins de produits naturels) dans de l'eau additionnée d'une pincée de sel marin jusqu'à obtention d'une pâte épaisse. Répartissez sur les cheveux en massant. Laissez agir un quart d'heure et rincez à fond en ajoutant quelques gouttes de vinaigre à l'eau de rinçage. Ce traitement remplace avantageusement un shampooing.

Lotion au vinaigre de cidre

Ah le vinaigre ! Les femmes l'utilisent depuis des millénaires pour prendre soin de leurs cheveux. Ainsi, boire de l'eau avec un peu de vinaigre et de miel pour donner force et vigueur à sa chevelure a toujours été une recommandation de grand-mère aussi évidente que celle, plus moderne, de prendre de l'aspirine contre le mal de crâne. C'est encore le cas aujourd'hui.

Appliqué directement sur la tête, le vinaigre fait briller les cheveux, ralentit leur chute, retarde leur blanchiment, fait tomber les pellicules. Et il chasse même les poux !

Se frictionner avec une solution composée d'un demi-litre d'eau et de 5 ml de vinaigre de cidre tonifie le cuir chevelu et élimine les résidus de savon qui peuvent aplatir les cheveux gras.

Pour absorber l'excès de sébum et calmer les démangeaisons du cuir chevelu, on peut aussi appliquer sur les cheveux, avant de les laver, un masque fait d'une pâte épaisse à l'argile verte et à l'eau vinaigrée. Il suffit ensuite de se laver les cheveux avec un shampooing doux.

Shampooing sec au talc

Vous êtes pressé, vous n'avez pas le temps de vous laver les cheveux et pourtant ils en ont bien besoin. Dans une telle situation d'urgence, recourez à l'usage d'un shampooing sec. Saupoudrez toute votre chevelure du talc parfumé. Massez doucement pour faire pénétrer, puis brossez vos cheveux jusqu'à disparition complète de la poudre. Le sébum et la crasse auront été absorbés par le talc.

Massage aux huiles essentielles

Combattre des cheveux huileux par des massages à l'huile peut paraître complètement saugrenu. Pourtant, les huiles essentielles de romarin, de citron ou d'eucalyptus, ajoutées à votre shampooing habituel (2 ou 3 gouttes suffisent) ou à de l'huile végétale (olive, amande douce, jojoba...), sont bénéfiques pour les cheveux gras car elles les assainissent. Massez-vous le cuir chevelu avec avant de vous rincer.

Contre la chute des cheveux (alopécie)

Une recette qui va maintenant faire plaisir aux hommes... s'ils veulent bien affronter les moqueries de leur compagne en se couchant la tête enrubannée d'une serviette. Frictionnez longuement votre cuir chevelu avec une lotion composée d'huile d'olive verte additionnée de rhum (à parts égales) et enrichie d'essence de sauge ou de thym. Enveloppez-vous la tête d'une serviette éponge pour la nuit. Au réveil, léger savonnage et abondant rinçage.

On peut aussi préparer une décoction toute simple à base d'huile essentielle de thym (2 cuillerées à café dans 50 cl d'eau) et se frictionner avec.

Fortifier et faire briller les cheveux

Sans cesse exposés aux agressions de l'environnement (pollution, soleil, intempéries, etc.), nos cheveux se fatiguent et ternissent. Si de nombreux produits tonifiants sont proposés sur le marché, voici quelques astuces réservées aux accros des préparations ancestrales.

Un soin fortifiant à l'œuf et au rhum

Ingrédients : 2 ou 3 jaunes d'œufs, 2 cuillerées à soupe de rhum ou de cognac, 1 cuillerée à thé d'huile d'amande douce. Battez les jaunes en y mélangeant le rhum (ou le cognac) et l'huile pour obtenir une lotion onctueuse. Mouillez-vous les cheveux et appliquez-y la préparation. Laissez agir cinq minutes, puis rincez à l'eau tiède. N'employez surtout pas d'eau chaude, cela cuirait les jaunes et vous auriez du mal à vous en dépêtrer. Terminez par un rinçage à l'eau citronnée ou vinaigrée. Reste à gérer l'odeur que dégageront vos cheveux, mais qui, en général, disparaît rapidement.

Soin à la moelle de bœuf

Voici une vieille recette retrouvée dans les grimoires du fin fond de nos campagnes. Il est vrai qu'à l'époque on ne connaissait pas la vache folle ! Faites fondre 40 g de cire vierge blanche. Ajoutez 60 g de moelle de bœuf, puis 60 g d'huile d'olive verte, si possible parfumée à l'essence de thym. Enduisez-en votre chevelure et conservez ce masque toute la nuit. Aucune étude scientifique ne prouve bien sûr les vertus de la moelle de bœuf, mais s'il n'y avait pas un peu d'exotisme ou de mystère dans ces remèdes, à quoi bon perdre du temps à les confectionner alors qu'il est si simple d'acheter une lotion fortifiante en magasin ?

Crème au miel et aux œufs

Votre chevelure a-t-elle besoin d'un coup de fouet ? Étalez sur cheveux secs un mélange composé de 1 cuillerée à thé de miel et d'un jaune d'œuf. Massez puis laissez agir au moins dix minutes, la tête recouverte d'une serviette chaude. Lavez-vous ensuite les cheveux normalement.

Brillance-vinaigre : un classique

On vous l'a dit, le vinaigre est l'ingrédient miracle, à utiliser en priorité en cas de problèmes capillaires. Pour assurer brillance, souplesse et force à votre chevelure, il est bon d'ajouter du vinaigre à l'eau du dernier rinçage après le shampooing. Cette recette est tellement éprouvée – et approuvée – que l'on a vu apparaître sur le marché le « vinaigre de brillance », composé de vinaigre de cidre et de romarin.

Contre les pellicules

Dermatologues et médecins sont unanimes : tout le monde ou presque souffre un jour ou l'autre, et à des degrés divers, de ces petites squames blanches qui se détachent du cuir chevelu suite à une infection par un champignon. Ceux qui ont les cheveux trop gras ou trop secs sont plus exposés que les autres. Un shampooing doux ordinaire fait souvent l'affaire mais, s'il reste sans effet, une lotion antipelliculaire s'impose. En voici quelques-unes, toutes aussi insolites les unes que les autres. Leur avantage : les résultats sont immédiatement visibles. Et si les pellicules résistent à ces traitements de choc, il suffira de se rabattre sur les produits médicamenteux ou dermatologiques classiques vendus en pharmacie ou en grande surface.

Des feuilles d'épinard sur la tête

Vous aurez l'air malin, avec votre cataplasme de feuilles d'épinard bouillies sur la tête ! Et pourtant, cette recette de grand-mère par excellence est, paraît-il, efficace et facile à réaliser. Il suffit de faire une bouillie de quelques feuilles d'épinard fraîches ou surgelées, de laisser reposer sur la tête quelques minutes et de masser comme pour un shampooing classique. Ne nous demandez pas pourquoi ni comment ça marche !

Massages à l'huile, rinçage au vinaigre

La première recette recommande d'enduire le cuir chevelu d'huile d'arachide tiède, puis d'appliquer du jus de citron frais. Laissez pénétrer le mélange quelques minutes avant d'utiliser votre shampooing antipelliculaire habituel. Chaude, ou tiède plutôt, l'huile permet de ramollir et de détacher les écailles, qui disparaissent ensuite au lavage.

La deuxième recette fait appel à l'huile d'olive. Faites-en tiédir quelques millilitres. Important : pour que le traitement ait un effet, il faut se mouiller les cheveux avant application. Sans cette précaution préalable, l'huile pénétrera directement dans les cheveux et non dans le cuir chevelu, à traiter pourtant en priorité. Reste à appliquer l'huile tiède sur le cuir chevelu, puis à enfiler un bonnet de douche pour faire « effet de serre ». Attendez trente minutes avant de vous laver les cheveux avec votre shampooing antipelliculaire habituel.

Pour rincer, nous ne saurions trop vous conseiller à nouveau l'eau vinaigrée. Cette lotion désinfecte le cuir chevelu et élimine les micro-organismes et champignons responsables de la formation des pellicules. Ce traitement possède enfin l'avantage de calmer les démangeaisons provoquées par l'affection du cuir chevelu.

Massages au sel

Avant d'aller sous la douche, passez en cuisine chercher du sel fin. Massez-vous le cuir chevelu au moins une ou deux fois par semaine avec une poignée de sel fin marin. Le sel possède la particularité de stimuler la circulation sanguine, peu active dans cette région du corps, et d'éliminer peu à peu les pellicules. Ensuite, lavez-vous les cheveux comme à l'accoutumée.

Massages aux feuilles d'ortie et à l'huile d'olive

Passez au mixeur des feuilles fraîches d'ortie avec 1 cuillerée à soupe d'huile d'olive. Appliquez cette préparation sur vos cheveux en insistant bien sur les racines et laissez agir une quinzaine de minutes. À renouveler une fois par mois.

Rinçage au thym

Les vertus antiseptiques du thym sont connues depuis la nuit des temps. On s'en servait pour embaumer les morts chez les Égyptiens. On a même baptisé le thym « antibiotique du pauvre ». C'est dire si les pellicules auront du mal à y résister. Aujourd'hui les chercheurs, en découvrant la présence de thymol, essence camphrée extraite du thym dont nous avons déjà parlé, ont prouvé que les anciens n'avaient pas tort.

Deux recettes à base de thym vous aideront à lutter contre les pellicules. L'une consiste à préparer une solution de rinçage en faisant bouillir quatre grosses cuillerées de thym séché dans un demi-litre d'eau pendant dix minutes. Filtrez et versez la moitié de la préparation sur vos cheveux lavés et encore humides. Massez et ne rincez pas. Gardez le reste de la préparation pour une autre application dans la semaine.

La seconde recette fait intervenir, outre le thym, des orties et de la lavande, deux plantes elles aussi réputées pour leurs vertus thérapeutiques. Là, il faut laisser infuser 50 g de feuilles de chaque plante. Filtrez, appliquez et laissez agir un quart d'heure avant de masser délicatement le cuir chevelu. Rincez à l'eau vinaigrée.

Tenue de la coiffure

Certaines natures de cheveux exigent de faire appel au gel pour les coiffer et les fixer. Nos grands-mères humectaient leurs bigoudis avec de la bière pour faire tenir les boucles en versant dans un vaporisateur une lotion composée d'autant de bière que d'eau. Après pulvérisation et mise en plis, il suffisait de laisser sécher.

Une autre solution consiste à dissoudre un morceau de sucre dans un bol d'eau et à lisser vos cheveux avec ce liquide. Ils seront peut-être un peu collants, mais pas plus qu'avec certains gels à fixation forte. Cependant ne faites pas ça l'été, sous peine de vous balader dans la rue avec un essaim d'abeilles ou de mouches au-dessus de la tête !

CHOLESTÉROL

Les grands-mères n'avaient pas de remèdes spécifiques contre le cholestérol. Et pour cause, à l'époque – les examens de laboratoire étant rares – elles ignoraient souvent si elles en avaient en excès. Vous ne trouverez donc pas ici de recettes de grands-mères « spécial cholestérol » mais des conseils alimentaires prodigués depuis des générations avec la ferme conviction que les suivre « faisait du bien, ou en tout cas pas de mal ». Et cela fait de ce chapitre « sans remèdes » l'un des plus importants de cet ouvrage. Il symbolise même l'heure de gloire de nos grands-mères. Car elles « savaient » ! En effet, bien avant que la médecine traditionnelle découvre et accepte les vertus thérapeutiques de produits comme l'ail, l'huile d'olive, les poissons gras, l'huile de foie de morue ou encore les pommes sur le cholestérol, nos mamies, aux dons d'observation et à la logique implacables, savaient intuitivement ou empiriquement qu'ils étaient bons pour la santé. Pour les affections courantes (rhumes, grippes, brûlures, migraines, rhumatismes ou encore verrues), elles n'avaient pas besoin de confirmation scientifique du bien-fondé de leurs remèdes – les résultats se voyaient immédiatement ! En revanche, les études et analyses médicales concernant des maladies ou dysfonctionnements indétectables pour le commun des mortels (cancer, cholestérol, etc.) ont confirmé leurs intuitions de « bonnes femmes ». Ce chapitre est donc, en quelque sorte, un hommage à ces personnes dont l'attachement à la culture, à l'histoire et à la médecine populaire ont permis de maintenir en bonne santé de nombreuses générations d'enfants et d'adultes. En voici les ingrédients de base.

Ma grand-mère m'a dit...

Encore de l'ail

On peut penser que ce qui se passait avant notre ère n'est pas notre affaire. Mais on peut aussi réfléchir sur un usage qui traverse les siècles sans une ride. C'est le cas de l'ail, que les anciens Égyptiens utilisaient déjà contre les maladies cardiaques, les migraines, les morsures, les vers, les tumeurs, etc. Exemple suivi par les Grecs et d'autres populations du globe comme les Indiens qui se servaient de l'ail (et continuent de le faire) pour fabriquer une lotion antiseptique et soigner les blessures comme les ulcères. Il est vrai que l'ail est un extraordinaire désinfectant.

Aujourd'hui remplacé par des bactéricides chimiques, il était autrefois employé pour assainir les chambres des malades en temps d'épidémie. Rien de tel, enfin, pour éloigner les insectes, que de se munir d'une gousse d'ail ou d'en suspendre une tresse dans la maison.

Louis Pasteur, qui consacra la majeure partie de sa vie à l'étude des maladies infectieuses, observa l'effet bactéricide de l'ail. Plus tard, Albert Schweitzer utilisa l'ail en Afrique pour le traitement des dysenteries amibiennes. On a également fait appel à l'ail pour traiter la tuberculose quand il n'y avait pas encore de médicament efficace. Et, au cours des deux guerres mondiales, l'ail fut employé pour prévenir les septicémies. Un antibiotique naturel en quelque sorte, modéré mais réel.

En outre, l'ail est apéritif et digestif. Il n'y a pas si longtemps, dans les campagnes, un morceau de pain frotté d'ail servait de casse-croûte aux paysans. Aujourd'hui, les estomacs citadins, plus délicats, tolèrent moins bien l'ail. Ou l'évitent parce qu'il donne mauvaise haleine en raison de l'allicine qu'il contient, une essence sulfurée qui s'élimine par les poumons. Dommage.

Depuis toujours on attribue aussi à l'ail le pouvoir d'être anticoagulant, de réduire la pression artérielle, de rendre le sang moins visqueux en empêchant les caillots de se former, et de dilater les vaisseaux. Comme l'aspirine. Bref, il a tout ce qu'il faut pour lutter contre l'infarctus.

Bon pour le cœur

C'est parce qu'il fait baisser le cholestérol, freine l'obstruction des artères et lutte contre la thrombose (la formation d'un caillot) que l'ail peut participer à la prévention des maladies cardio-vasculaires. Nos aïeules connaissaient les vertus d'une bonne salade contenant une gousse d'ail servie midi et soir, assaisonnée à l'huile de pépins de raisin. Aujourd'hui, plusieurs études scientifiques ont confirmé que l'ail avait une influence bénéfique sur le taux de cholestérol. Parmi les plus récentes, celles d'équipes allemandes, danoises, grecques et anglo-saxonnes publiées en 1992 et 1993. Plutôt que d'utiliser de l'ail frais, les auteurs de ces études ont préféré la poudre d'ail séché, sous forme de préparation pharmaceutique. Ce qui permet tout de même une posologie plus précise qu'une ou deux gousses dans la salade ou le gigot.

Le résultat le plus spectaculaire a été obtenu par les Danois, qui ont administré une dose quotidienne de 600 mg d'ail séché pendant quatre mois et demi à quarante-huit malades dont le taux de cholestérol était trop élevé. Résultats : une réduction de 8 % du taux de cholestérol total, dont 5 % du LDL (le mauvais cholestérol), et une élévation de 5 % du HDL (le bon cholestérol). Sans autre traitement ni régime particulier. Cela dit, ce n'est pas le cholestérol qui tue : c'est le caillot sanguin qui se forme dans les artères. Or le régime alimentaire peut exercer une grande influence sur les facteurs de coagulation du sang. Et l'ail, à cet égard, se révèle excellent. D'importants travaux ont été menés à ce sujet à Caracas, au Venezuela. Ils ont démontré que l'ail renferme de l'ajoène (de *ajo*, qui signifie ail en espagnol), lequel bloque l'agrégation plaquettaire et a un pouvoir antithrombotique certain. Manger trois gousses d'ail par jour pourrait ainsi améliorer de 20 % le temps de coagulation.

L'ail n'est malheureusement pas toujours facile à digérer ; il provoque chez certaines personnes des renvois gastriques et, hélas !, une mauvaise haleine. La rumeur populaire affirme qu'en mâchant un brin de persil ou un grain de café, cette dernière peut être fortement atténuée. Ça ne coûte rien d'essayer.

Sinon, plusieurs spécialités à base d'ail sont disponibles en pharmacie sous forme de gélules ou en poudre. Elles sont faciles à digérer et n'affectent pratiquement pas l'haleine.

De l'huile d'olive

Pilier des civilisations méditerranéennes anciennes, l'olivier fut domestiqué voici des millénaires en Asie occidentale. Aujourd'hui, c'est surtout l'huile tirée de ses fruits que l'on a élevée au rang d'ingrédient miracle pour prévenir ou soigner d'innombrables affections. Parmi elles, l'hypercholestérolémie. Les médecins de l'Antiquité présentaient déjà l'huile d'olive comme une véritable panacée. En effet, elle diffère largement de ses sœurs par sa composition chimique. Elle contient 75 % d'acide oléique, un acide gras mono-insaturé excellent pour la santé, mais aussi des acides gras essentiels. Si l'acide oléique a peu d'influence sur le taux de cholestérol total ou sur celui du LDL (il le fait à peine baisser), il permet en revanche de maintenir le taux de HDL, ce qui améliore le rapport HDL-LDL et votre santé avec. Des études ont montré qu'un régime riche en graisses mono-insaturées réduit le mauvais cholestérol sans affecter le bon.

Appétissante, stable, peu ou pas acide, difficilement oxydable, riche en acide oléique et linoléique, l'huile d'olive est d'une grande digestibilité. Son rendement énergétique est élevé, et ses lipides améliorent la viscosité du sang. Cela fait donc d'elle le corps gras le plus adapté à la prévention des troubles cardio-vasculaires, et en tout cas le seul d'entre eux qui ne les aggrave pas.

Consommée régulièrement, l'huile d'olive peut donc éviter l'accumulation de graisses dans l'organisme. Et faire baisser ou réguler le taux de cholestérol a bien sûr de nombreuses conséquences bénéfiques sur diverses pathologies qui y sont associées. L'huile d'olive sert ainsi à prévenir l'athérosclérose en réduisant la charge du LDL. Les Méditerranéens, gros consommateurs d'huile d'olive, se sont toujours distingués par la relative rareté, chez eux, des cas d'infarctus.

Du poisson gras

« Le poisson réduit la mortalité cardio-vasculaire de 25 %. » Inutile de dire qu'avec un titre comme ça, tout magazine grand public est sûr de voir ses stocks disparaître des kiosques dans les plus brefs délais. Mais aucun n'a encore eu le courage de l'affirmer aussi clairement et fortement. Pourtant, c'est vrai ! C'est même la conclusion d'une étude conduite sur six ans et quarante-cinq mille personnes et publiée par A. Ascherio (Harvard Medical School of Boston) dans le *New England Journal of Medicine* en 1995. Il est vrai qu'on s'en doutait depuis

Le bon et le mauvais cholestérol

Il s'agit d'une substance grasse charriée par les vaisseaux sanguins et destinée à apporter des lipides aux cellules, avant d'être recyclée par le foie. Cette substance est essentielle et participe à la composition de nombreux éléments de l'organisme. Sans cholestérol, pas de vitamine D, pas d'hormones comme la cortisone, la testostérone, les œstrogènes ou la progestérone. Donc pas de défenses immunitaires et encore moins d'hormones sexuelles. Rappelons qu'il existe deux types de cholestérol : le bon et le mauvais. Le mauvais, c'est le cholestérol LDL. Il se dépose sur les parois artérielles sous forme de plaques graisseuses. À terme, ces plaques s'épaississent et peuvent favoriser le durcissement des vaisseaux sanguins, voire leur obstruction. D'une part, l'obstruction d'un vaisseau provoque des infarctus. D'autre part, quand une plaque se détache, elle peut former un « bouchon » et entraîner des embolies ou des phlébites. Malheureusement, le sang, matière aqueuse, ne parvient pas à dissoudre le cholestérol.

Le bon cholestérol est le HDL : il ne se dépose jamais sur les parois artérielles, il aspire les dépôts graisseux existants et les charrie jusqu'au foie, où ils sont recyclés. Plus le taux de HDL est élevé, moins le cœur et les vaisseaux sanguins sont en danger. Il est évidemment indispensable, avant de se lancer dans toute modification sensible de son régime, de faire établir son taux de cholestérol par un laboratoire.

longtemps. Les peuples qui consomment beaucoup de poisson gras présentent d'incontestables particularités épidémiologiques. Les Japonais, qui avalent près de 75 kg de poisson par personne et par an, possèdent le taux le plus bas au monde de décès d'origine cardio-vasculaire. Même constat chez les Esquimaux, qui mangent jusqu'à 400 g de poisson par jour. Selon une autre étude américaine, réalisée par l'État de Washington, 200 g de poisson gras par semaine permettraient de faire chuter de moitié le risque d'infarctus ! Et tout ça grâce à une famille d'acides gras polyinsaturés redoutablement efficaces, baptisés oméga-3. Tous les poissons, surtout s'ils sont gras (sardines, saumons, maquereaux, thons, harengs), contiennent ces acides oméga-3, dont le chef de file est l'acide alpha-linoléique. Ils contribuent à faire chuter le taux de triglycérides, ce qui réduit les risques cardio-vasculaires. De surcroît, les acides de la famille des oméga-3 sont hypotenseurs et ont la particularité de fluidifier le sang. Très intéressant dans le cadre de la prévention des récidives d'infarctus. Que ceux qui ne sont pas fanas de poisson se rassurent, les acides gras oméga-3 se vendent maintenant en capsules dans les pharmacies.

LA SARDINE, POISSON VEDETTE

Poisson gras et méconnu, avec son image de mise en boîte, la sardine est pourtant le poisson santé par excellence : elle ne possède pas moins que les trente acides gras répertoriés, et son taux de cholestérol est inférieur à celui des œufs ou de la viande (entre 60 et 90 mg pour 100 g). Et ce n'est pas tout ! 150 g de sardines par jour suffisent à couvrir 100 % des besoins quotidiens en protéines. De plus l'apport de la sardine en vitamines est loin d'être négligeable, puisque 150 g de ce poisson couvrent les besoins journaliers en vitamines D et E. Enfin c'est un aliment de choix pour les régimes sans sel, grâce à sa faible teneur en sodium, et sa valeur calorique est proche de celle de la viande.

Enfin, cerise sur le gâteau : manger du poisson gras c'est s'assurer une production de prostaglandines, hormones qui gèrent le plaisir sexuel. Plus clairement, le poisson gras agit un peu comme un aphrodisiaque !

L'huile de foie de morue :
si mauvaise et si bonne !

Combien de grands-mères ont profité de notre jeune âge pour nous faire avaler, il est vrai parfois sous la menace, cette horrible potion garantissant force et croissance. Elles avaient raison ! Et aujourd'hui, les médecins lui trouvent une autre qualité : c'est la meilleure alliée contre les risques cardio-vasculaires. Alors que les graisses animales que nous consommons en permanence contiennent des acides gras saturés qui augmentent les risques de dépôt de cholestérol dans les artères, l'huile de foie de morue provoque l'effet contraire : elle régule ou fait baisser le taux de cholestérol sanguin. Certes, à la lumière des études récentes, on regrette que nos chères mamies ne nous aient pas gavés de poisson gras plutôt que de cuillerées repoussantes de cette huile qui nous ont fait détester bon nombre de séjours à la campagne. Heureusement pour les générations futures, cette huile est aujourd'hui disponible en gélules. Mais rien n'empêche les vrais amateurs d'en boire.

Mangez des pommes !

Ah, si tout le monde avait écouté le slogan « guignolesque » de Jacques Chirac, candidat à l'élection présidentielle en 1995, bien des problèmes de cholestérol auraient diminué. Imaginez même le chômage dans la profession médicale si l'on avait suivi à la lettre les recommandations des spécialistes qui, il y a une dizaine d'années, études scientifiques à l'appui, affirmaient qu'avec trois pommes par jour, soit un apport de 8 g de fibres et 2 g de pectine, le cholestérol chutait de 5 % chez les personnes qui en avaient trop. C'est encore vrai aujourd'hui, même si les proportions varient d'une étude à l'autre.

La pomme est l'un des fruits les plus anciens cultivés par l'homme. Elle fit son apparition en Turquie, conquit l'Égypte, puis la Palestine, avant de faire le tour du monde. C'est actuellement le fruit le plus consommé sur la planète. Il faut dire qu'avec mille variétés recensées, dont quatre-vingt-cinq en vente libre, on a le choix des armes pour lutter contre le cholestérol... Et pour améliorer son état de santé !

Aliment de régime grâce à sa faible teneur calorique et énergétique (50 calories pour 100 g, soit en moyenne 81 calories par pomme), la pomme est aussi, par sa faible teneur en sodium et sa richesse en potassium, un excellent diurétique naturel, entraînant l'élimination de l'acide urique.

Riche en oligoéléments, la pomme contribue à renforcer les défenses immunitaires (cuivre) et favorise le bon fonctionnement du foie et des reins (manganèse).

Ses fibres, enfin, essentiellement constituées de pectine (dans la peau et la pulpe) et de cellulose (dans la peau), permettent un bon transit intestinal. Alors, oui, mangez des pommes !

Du soja

Depuis qu'en août 1995 le *New England Journal of Medicine* a publié une étude mettant en évidence le rôle du soja dans la diminution significative du taux de cholestérol (jusqu'à 10 %), celui-ci figure désormais de plus en plus sur les ordonnances. D'après cette étude du Pr Anderson, de l'université du Kentucky, on a calculé qu'une consommation de 25 g de protéines de soja par jour permet déjà une diminution de 9 mg/dl du taux sanguin de cholestérol, et surtout du mauvais cholestérol (LDL), ainsi que des triglycérides. Cet effet sur l'hypercholestérolémie entraîne par conséquent une diminution des risques d'accidents cardio-vasculaires.

Tisane de feuilles d'olivier

À raison de dix feuilles par tasse, vingt et un jours par mois, cette tisane permet de réguler le taux de cholestérol. Pour cela, buvez une tasse au réveil, et les autres une demi-heure avant chaque repas principal.

Des carottes, encore des carottes... et crues !

Les chouchous de nos grands-mères ! Il est prouvé qu'une alimentation riche en bêta-carotène, donc en antioxydants, réduit sensiblement le risque de premier infarctus. Telle est la conclusion d'une vaste étude menée dans neuf pays européens sur mille quatre cent dix personnes âgées de trente-cinq à soixante-dix ans, publiée dans The Lancet. Mais les carottes agissent aussi directement sur le cholestérol grâce à leur taux élevé en pectine. Selon une étude américaine, manger deux carottes crues de taille moyenne par jour, soit 200 g environ, suffirait à faire baisser de 10 à 20 % le taux de cholestérol chez les personnes atteintes d'hypercholestérolémie. Chez les autres, ce régime serait suffisant pour maintenir le taux de cholestérol à un bon niveau.

De l'avoine

Nos aïeules n'en donnaient pas qu'aux chevaux ! Elles la consommaient sous forme de son. Or il est démontré que l'avoine, en quantité suffisante pour fournir 6 g de fibres solubles par jour, permet d'obtenir une réduction modeste du taux de cholestérol. Il semble, en effet, que le son d'avoine ait les mêmes propriétés anticholestérol que les fruits riches en pectine. Le pamplemousse, par exemple, dont la pectine se situe dans l'écorce et la pulpe, aurait entraîné, après huit semaines de cure à raison de 50 cl de jus par jour, une baisse de 7,5 % du taux de cholestérol sanguin. De nombreuses études montrent que le son d'avoine est aussi efficace. Pour obtenir l'apport recommandé de 6 g de fibres, il suffit de manger 12,5 cl de son d'avoine sous forme de céréales cuites.

Un verre de vin blanc... aux poireaux !

Inutile de dire, rien qu'à l'intitulé, que cette recette ne figurera certainement pas sur votre prochaine ordonnance médicale. Pourtant, on sait aujourd'hui que boire du vin est bénéfique pour la santé, à condition de ne pas dépasser trois verres par jour. Ici, ce n'est qu'un verre que l'on vous conseille de prendre avant les repas, mais quel verre ! En effet, si l'on y verse du vin blanc, celui-ci aura un goût de poireau. Utilisés depuis toujours pour soigner les furoncles ou les hémorroïdes, les poireaux, associés aux vertus du vin en matière cardio-vasculaire, contribueraient à réguler le taux de cholestérol.

Coupez finement 30 g de radicelles de poireau bien lavées. Faites-les macérer dix jours dans 1 litre de vin blanc (la recette conseille même un bourgogne doux), puis filtrez et buvez !

Des noix

Le dessert de votre enfance, dans de grandes corbeilles en osier ! Tous les paysans en mangeaient. Saviez-vous à quel point c'était sage ? D'après les résultats d'une étude britannique publiée en 1993 dans le *New England Journal of Medicine*, manger des noix réduit les risques d'accidents cardio-vasculaires en faisant baisser le taux sanguin de mauvais cholestérol (LDL). Les noix, en effet, sont riches en acides gras polyinsaturés, en acides gras mono-insaturés et en vitamine E antioxydante. On obtient des résultats similaires avec les amandes, les cacahuètes et les noisettes. Une autre étude (*Iowa Women's Health Study*), menée sur cinq ans et sur trente-quatre mille femmes, a mis en évidence une réduction de 40 % du risque cardio-vasculaire chez les mangeuses de noix et autres fruits oléagineux. Une ration de 40 g de noix diverses par jour permet de réduire ce risque de 53 %.

Des haricots secs

Encore un plat de famille et de ferme ! Des études démontrent que les haricots secs pourraient contribuer à faire baisser le taux de cholestérol, après un à trois mois de consommation régulière. Tous les haricots secs sont efficaces, car ils inhibent l'absorption de cholestérol par l'organisme.

Du thé

Lui, on le tient de nos ancêtres chinoises ! La découverte du thé remonte en effet à environ trois mille ans avant notre ère, et s'est faite en Chine. Après l'eau, il s'agit, aujourd'hui, de la boisson la plus consommée au monde. Près de trois milliards de personnes en boivent régulièrement, suivant ainsi à la lettre le proverbe affirmant que « mieux vaut être privé de nourriture pendant trois jours que de thé une seule journée ». Nos ancêtres de l'empire du Milieu n'avaient pas tout à fait tort. Les flavonoïdes, la vitamine E et les tanins qu'il contient donnent au thé des vertus thérapeutiques approuvées aujourd'hui par les médecins du monde entier qui, ces cinq dernières années, ont réalisé plus de trois cents travaux scientifiques à son sujet.

Résultats de ces études : le thé se montre efficace dans la protection contre le cancer, abaisse le taux sanguin de cholestérol, protège contre l'athérosclérose et les maladies cardio-vasculaires, diminue le taux sanguin de glucose ou encore prévient les troubles liés au vieillissement. Évidemment, pour espérer obtenir des effets bénéfiques sur votre cholestérol, il faudra en consommer au moins trois tasses par jour. Mais pas plus. N'oubliez pas que le thé renferme de la caféine et peut nuire au sommeil.

Une cicatrice, fût-elle glorieuse, est inesthétique. Si la cicatrisation n'est pas surveillée, elle peut même entraîner des complications. En général, les cicatrices laissées par des maladies de peau s'atténuent spontanément quand elles sont superficielles. Celles dites en creux (après de l'acné par exemple) doivent être traitées par des spécialistes (plasticiens, dermatologues). Puis il y a les cicatrices dues à des blessures, des opérations chirurgicales ou des brûlures. Certaines d'entre elles peuvent se boursoufler ou s'accompagner de démangeaisons. D'où l'utilité de veiller dès le début à la cicatrisation, voire d'intervenir par des moyens médicamenteux ou opératoires pour qu'elle s'effectue le mieux possible.

La cicatrisation est le processus naturel grâce auquel des tissus endommagés vont retrouver leur état initial. Elle s'effectue de façon différente selon la plaie (superficielle ou profonde). Et plutôt que de laisser la nature faire son œuvre, il est conseillé d'aider la cicatrice à bien se refermer. Si diverses techniques médicales permettent aujourd'hui d'opérer en laissant le moins possible de traces visibles et d'accélérer la fermeture des plaies, nos grands-mères, depuis des dizaines et des dizaines de générations, ont découvert de nombreux produits naturels favorisant également une « fermeture » rapide et esthétique.

Ma grand-mère m'a dit…

L'apithérapie

Quantité de légendes et de traditions s'attachent au miel. Elles sont vieilles comme le monde, et l'on ne risque rien à y croire. Ce qui est sûr, c'est que depuis toujours le miel fait partie de la pharmacopée populaire. Pour soigner les furoncles, les ulcères, les blessures, les brûlures, comme purgatif ou pour traiter les maladies des yeux. Le Pr Rémy Chauvin, l'un des plus grands spécialistes des abeilles, écrit que dans toute l'Afrique l'importance du miel reste considérable. Surtout dans les rituels de la naissance et de la mort, au cours desquels on l'offre aux esprits. Et plus prosaïquement pour cicatriser les plaies ou les morsures de serpents. C'est en cela que le miel nous intéresse. Antibactérien et cicatrisant, il diminue les délais de cicatrisation, stérilise une plaie en trois jours et atténue la douleur. Depuis 1994, un chirurgien réputé, le Pr Bernard Descottes, chef de service au centre hospitalo-universitaire de Limoges, obtient des résultats impressionnants de cicatrisation par le miel sur des patients (parmi lesquels son fils) ayant eu, non pas de légères brûlures, mais de grosses opérations ou de graves accidents... cela malgré les avertissements de ses pairs sur les risques qu'il encourt à emprunter des « chemins de traverse ».

C'est que le pouvoir antibactérien du miel n'a été crédibilisé qu'au début du XXe siècle. En 1937, des scientifiques ont nommé inhibine le facteur responsable de cette action. D'autres travaux ont suivi. Nombreux. Maintenant, on sait mesurer l'activité de l'inhibine, véritable élément antibiotique, en fonction de l'origine des miels ou des traitements par la chaleur qu'ils ont subis. Assez récemment, dans les années soixante, on a même compris le mécanisme d'action de l'inhibine, provoqué par une réaction biochimique qui libère un corps antiseptique, l'eau oxygénée. Si des inconnues subsistent, l'inhibine est en tout cas capable, comme l'a démontré une équipe de scientifiques en 1991, de conserver pendant plusieurs semaines des greffons de peau destinés à êtres implantés sur des brûlés.

Le miel est donc efficace sur les brûlures légères et active leur cicatrisation. Il suffit de masser la peau avec – 1 cuillerée suffit – dès que vous vous êtes brûlé, et de laisser agir. Soigner les plaies et cicatrices au miel a donné tant de satisfactions que cette méthode a pris une appellation très scientifique – et en voie d'être unanimement reconnue – l'apithérapie.

Pansements au miel

Le rôle du pansement est fondamental pour une bonne cicatrisation. Il doit être occlusif, c'est-à-dire fermé sur la plaie, car l'humidité, contrairement aux idées reçues, favorise la cicatrisation. Eh oui, une plaie laissée à l'air libre ne

LA PROPOLIS

Comme le miel, cette substance produite par les abeilles à partir de résines et de gommes sécrétées par les bourgeons et les écorces est passée dans l'histoire de la guérison des plaies infectées et des cicatrices. Les abeilles l'emploient comme un ciment pour boucher les fissures de la ruche ou pour en resserrer l'entrée à la mauvaise saison. Grâce aux techniques modernes, on a pu identifier dans la propolis des fractions de polyphénols, qui sont de puissants antioxydants. Autrement dit des molécules qui préservent les cellules de l'organisme de la rouille entraînée par des éléments chimiques. Mais la propolis contient aussi des acides gras essentiels, une petite quantité de vitamines et des minéraux. La plus grande partie de l'activité de la propolis semble être en relation avec les flavonoïdes. C'est pourquoi elle a la réputation d'être un régénérant tissulaire et un cicatrisant des plaies. Elle a d'ailleurs été utilisée comme telle au cours des siècles.

cicatrise pas plus vite, bien au contraire ! Un corps gras contenant un antiseptique empêchera le pansement de coller à la plaie. Le pansement au miel est donc tout indiqué.

Nettoyez d'abord la plaie avec du sérum physiologique, puis appliquez une couche de miel et recouvrez de compresses stériles. Renouvelez l'opération tous les jours.

L'argile

On ne parle pas encore – scientifiquement – « d'argilothérapie », pourtant cette boue grasse, collante et douce, qui gicle entre les phalanges et garde nos empreintes quand on ouvre les mains, favorise elle aussi la cicatrisation. Ses propriétés sont connues depuis toujours. On sait aujourd'hui que les Égyptiens utilisaient l'argile comme antiseptique dans leurs techniques de momification. Il y a donc tout lieu de penser que les boues extraites du Nil servaient également à panser les plaies. De fait, de nombreuses études ont établi ses vertus adsorbantes, antalgiques, anti-inflammatoires, antiseptiques, antitoxiques, bactéricides, cicatrisantes et reminéralisantes. Grâce à ses caractéristiques antiseptiques et régénératrices, l'argile, en particulier verte ou blanche, est même devenue un « must » dans les produits de beauté et de soin du corps sous forme de masques, de bains, de savons et de dentifrices.

En ce qui concerne les cicatrices et les plaies à cicatriser, on peut compter sur ses propriétés bactéricides et adsorbantes. On dit qu'un corps est adsorbant quand il a le pouvoir de retenir à sa surface des molécules, des ions en phase gazeuse ou liquide, et les toxines. Conséquence : la formation de pus est vite enrayée et la reconstruction des tissus est rapide.

Les cataplasmes d'argile

Pour préparer un cataplasme, versez l'argile dans un récipient (évitez le métal ou le plastique) et mélangez ensuite avec de l'eau pour former une pâte épaisse. L'application se fait directement sur la peau. Après utilisation, jetez tout ! L'argile étant chargée de toxines, la réutiliser ne ferait que vous faire repartir de zéro.

Les cataplasmes sont efficaces sur les cicatrices mais aussi sur les abcès, les panaris, l'acné, les verrues et les varices (renouvelez et rincez régulièrement). Appliqué sur la poitrine, la nuque, le front et les ailes du nez, un cataplasme d'argile permet également de lutter contre les angines, d'atténuer les migraines et le rhume.

Pâte à la crème fraîche et aux œufs

Voici une vraie recette de grand-mère pour faire de belles cicatrices. Il suffit d'enduire délicatement la plaie matin et soir pendant six mois, de la préparation suivante : une pâte composée de crème fraîche épaisse mélangée avec un jaune d'œuf (se conserve au frigo).

Du thym

En cas de brûlure superficielle (plaie non ouverte), pour chasser la douleur et accélérer la cicatrisation, vous pouvez mélanger dans une tasse de l'eau chaude et 3 gouttes d'huile essentielle de thym et l'appliquer sur la zone brûlée.

La conjonctivite est une inflammation de la membrane qui recouvre la partie blanche du globe oculaire. Elle provoque larmoiements, rougeurs et démangeaisons. Elle est due au vent, à la poussière, au soleil, à diverses allergies et à la fatigue provoquée par la lecture sur ordinateur. Si les paupières sont collées le matin, au réveil, c'est qu'il y a infection. Vous devez alors consulter un ophtalmologiste d'urgence : ne laissez surtout pas traîner une conjonctivite. Et pour vous soulager efficacement…

Ma grand-mère m'a dit…

Cataplasmes de mie de pain

Prenez de la mie de pain complet, du lait tiède et un jaune d'œuf. Mélangez tous les ingrédients jusqu'à obtenir une pâte épaisse et légèrement humide. Appliquez cette pâte tiède sur les yeux fermés, toutes les deux heures, jusqu'à atténuation des symptômes. Gardez environ un quart d'heure et rincez bien avant de rouvrir les yeux.

Constipation

Les remèdes contre la constipation sont presque aussi nombreux que ceux qui en souffrent. La constipation se caractérise par une baisse de la fréquentation des toilettes (moins de deux fois par semaine). Vos selles sont non seulement devenues rares et dures, mais, en plus, difficiles à expulser et douloureuses. Dans la plupart des cas, la constipation est le résultat d'une atteinte de la motricité intestinale. Mais ce peut tout aussi bien être l'un des symptômes d'une affection du côlon, plus grave. Mieux vaut donc, une fois convaincu d'être constipé, aller consulter un médecin... Ce que ne pouvaient pas toujours faire nos grands-mères isolées à la campagne. Tout un arsenal de potions et de cataplasmes ont ainsi vu le jour pour soulager, voire guérir, cette affection provoquant ballonnements, douleurs abdominales, malaises, mauvaise haleine ou migraines. Aujourd'hui, beaucoup d'entre eux sont reconnus par la science sans qu'il soit pour autant besoin de « marcher pieds nus sur les pierres ou la terre arrosées d'eau très froide », comme on le recommandait en Aubrac. De l'artichaut au yaourt en passant par la moutarde, l'huile d'olive ou encore les pruneaux, vous trouverez certainement parmi ces remèdes celui qui vous convient.

Ma grand-mère m'a dit...

Jus d'orange à l'argile

Prenez d'un côté un jus d'orange frais et de l'autre un peu d'argile verte. Délayez 1 cuillerée à café d'argile dans le jus et buvez le tout à jeun. Pour que le breuvage fasse effet, il faudra attendre quelques minutes avant de prendre votre petit déjeuner. La cure idéale durera une quinzaine de jours.

Mangez de la moutarde

Grecs et Romains anciens étaient-ils constipés ? Non. C'est qu'ils ont suivi à la lettre les ordonnances de cataplasmes de moutarde que conseillait le fameux Hippocrate à ses patients dès le ve siècle. Sans oublier d'épicer leurs plats de graines de moutarde, elles aussi aux effets laxatifs. Une réputation qui a traversé les époques sans faiblir puisqu'il y a peu, dans son *Herbier Santé*, Maurice Mességué, paysan du Gers et célèbre guérisseur, décrivait encore les diverses applications thérapeutiques de la moutarde blanche ou noire : « La moutarde blanche est essentiellement utile dans les cas de constipation chronique [...] à condition d'être employée à petites doses, et à condition qu'on ne relève pas la moindre irritation de l'appareil digestif. »

La moutarde noire, en tant que constituant de base des cataplasmes, stimule l'organisme, fait baisser la fièvre et peut provoquer des vomissements bienvenus.

Depuis très longtemps donc, la moutarde fournit une épice très appréciée pour relever les plats mais aussi des composés médicamenteux. Bref, épicer ses plats de moutarde favorise le transit intestinal et prévient la constipation.

Buvez de l'huile d'olive

Consommer de l'huile d'olive est un moyen facile d'améliorer son transit intestinal (voir encadré ci-contre). Dans les régions méridionales, un traitement traditionnel de la constipation consiste à absorber 1 cuillerée à soupe d'huile d'olive chaque matin à jeun. Avantage annexe, l'huile d'olive est, contrairement à de nombreux laxatifs et mêmes à certaines fibres alimentaires, parfaitement tolérée par l'intestin. On peut également, toujours le matin à jeun, avaler un verre de jus de pamplemousse ou d'orange enrichi de 3 cuillerées à café d'huile d'olive et de 6 cuillerées à soupe de jus de citron.

Une soupe de carottes

Constipation et diarrhées sont effacées en quelques heures grâce à une soupe de carottes, qui possède une fonction régulatrice du transit intestinal. Faites cuire 1 kg

LA SCIENCE DIT OUI

L'huile d'olive

Si de nombreuses études ont bien démontré les mécanismes bénéfiques de l'huile d'olive – riche en acides gras insaturés, en vitamines et en substances antioxydantes – sur la régulation du cholestérol (voir Cholestérol, p. 62), ainsi que sur la réduction des risques d'accidents cardio-vasculaires, la science lui a reconnu de nombreuses autres vertus. Graisse alimentaire très digeste, l'huile d'olive n'entraîne pas de reflux gastro-œsophagien et possède un effet favorable sur la vésicule biliaire (Pr Charbonnier, Paris). Elle est également recommandée dans les troubles hépatiques (elle désintoxique le foie) et tous les problèmes digestifs, notamment ceux de l'estomac et de l'intestin. Elle représente aussi un excellent moyen de lutter contre la constipation et contre le vieillissement par décalcification. Elle favorise enfin la croissance des enfants. D'où la présence de la reine des huiles tout au long de ces pages.

de carottes dans 1 litre d'eau pendant deux heures, puis passez-les à la moulinette. Consommez cette purée bien chaude.

Mangez des pruneaux

Des générations successives les ont consommés à toutes les sauces pour lutter contre la constipation : très riches en fibres, les pruneaux constituent un bon régulateur du transit intestinal. Nos ancêtres les mangeaient gorgés d'eau et cuits pendant deux heures, ou crus après qu'ils eurent trempé une journée dans l'eau froide. Les pruneaux étaient également servis accompagnés de vin rouge, de citron ou de sucre de canne. Sans oublier leur eau de cuisson, elle aussi chargée de principes actifs et qu'il fallait boire avant de se jeter sur les fruits. Leur richesse en potassium et leur faiblesse en sodium permettent en outre de corriger une légère hypertension. De surcroît, leur teneur assez forte en magnésium nous éloigne également des crampes, de l'irritabilité et de la fatigue. Enfin, bien que sec, ce fruit conserve une certaine quantité de vitamine C. De quoi stimuler les défenses de l'organisme.

Savourez des yaourts aux pruneaux

Selon une étude publiée dans le *Journal of the American Medical Association*, un mélange de yaourt et de pruneaux soulage efficacement la constipation : sur cent quatre-vingt-quatorze patients, tous ont été améliorés par un tel traitement. Les vertus du pruneau étant mises de côté, on pense que la bactérie Lactobacillus acidophilus du yaourt n'est pas étrangère à ces résultats surprenants.

La science dit oui

Les fibres alimentaires

C'est à un médecin britannique, le Dr Burkitt, que l'on doit dans les années 1950 les premières études sur les vertus des fibres alimentaires. Depuis, le lien entre les pathologies intestinales et les fibres a été mis en évidence par de nombreux travaux : les fibres, n'étant pas totalement digérées par les enzymes du tube digestif, jouent le rôle de ballast à l'égard des déchets alimentaires. Plus clairement, elles sont recommandées pour lutter contre la constipation et les hémorroïdes. Elles favorisent aussi la régulation du taux de cholestérol et la réduction du mauvais cholestérol (voir Cholestérol, p. 62). Elles peuvent également être efficaces en cas de diabète. En absorbant les radicaux libres, les fibres contribuent en outre au traitement des ulcères et peuvent enfin, en facilitant la digestion, prévenir la formation de calculs.

Des artichauts

Depuis le Moyen Âge, ce légume-fleur est considéré comme une panacée. Il était recommandé contre l'insomnie, les troubles du foie et les maux de reins. Il entrait également dans la composition de produits de beauté. Aujourd'hui, après être passé en laboratoire pour analyses détaillées, l'artichaut est surtout réputé pour ses qualités dans le traitement des troubles hépatiques. Grâce à ses vertus antitoxiques et diurétiques, il est particulièrement recommandé en cas de congestion et d'insuffisance hépatique, de constipation, d'intoxication alimentaire, d'insuffisance rénale, de rhumatisme et même d'arthritisme. Un détail à ne pas négliger si vous souhaitez vous lancer dans une cure à l'artichaut : l'eau de cuisson servie en potage est aussi très bonne pour le foie et la vésicule.

Pour éradiquer une constipation embarrassante, versez 1 cuillerée à café d'un mélange de feuilles et de tiges d'artichaut coupées menu dans 50 cl d'eau bouillante. Laissez infuser dix minutes, passez et buvez deux tasses par jour.

Quand le pied va mal, tout va mal. Regardez le pauvre Achille et son talon ! C'est un peu la même chose en ce qui concerne les cors et les durillons. Un cor est une formation épaisse et dure de la peau, due au frottement avec une surface osseuse ou les chaussures. Les cors se situent généralement sur le dos des articulations, entre les phalanges des orteils. Les durillons, eux, sont plutôt localisés sur la face plantaire ou sur les côtés du pied. Tous deux sont douloureux lors de la marche. Jusqu'à présent, le traitement et la coupe des cors et durillons se fait à l'aide d'un bistouri, opération simple et indolore réalisée lors d'une pédicurie par exemple. L'intervention chirurgicale ne devient nécessaire que pour supprimer le relief osseux qui est parfois responsable de leur apparition. Mais là, il n'y a que le chirurgien pour vous aider.

En dehors de ce cas, si pour empêcher la formation de cors et de durillons il n'y a qu'un remède : être bien chaussé, la médecine populaire en a inventé d'autres pour les faire disparaître sans avoir besoin de se rendre chez un podologue ou de risquer de se taillader les pieds avec une lame de rasoir ou un couteau. Un petit tour en cuisine devrait même suffire à soulager vos pieds.

Ma grand-mère m'a dit...

Emplâtres au lierre et au vinaigre

Vous ne supportez plus de voir votre lierre grimper inlassablement à l'assaut des murs de votre maison de campagne ? Ne le coupez pas, il peut vous servir. Une vieille recette préconise en effet, en cas de cors aux pieds ou de durillons, d'appliquer sur la callosité un emplâtre fait de feuilles de lierre confites dans du vinaigre très fort. Laisser agir toute la nuit jusqu'à disparition de la petite bosse.

Pansements au poireau vinaigrette

Faites macérer une journée entière une feuille de poireau dans du vinaigre de vin. Ensuite, toutes les nuits, appliquez avec de la gaze (pour ne pas tacher les draps) la feuille de poireau imbibée de vinaigre autour de votre cor et gardez ce pansement toute la nuit. Renouvelez l'opération jusqu'à disparition.

Bains de pieds à la camomille

Si les cors ou durillons sont importants, un bon bain de pieds dans une infusion d'eau chaude avec un peu de camomille ramollira la peau durcie. Pas d'inquiétude si cette recette laisse quelques taches sur la peau : un peu d'eau et de savon les feront disparaître rapidement. On sait depuis longtemps que la camomille, prise en infusion, possède des vertus anti-inflammatoires et anti-spasmodiques, et qu'elle se révèle efficace dans les affections des muqueuses de la bouche ainsi qu'en cas de troubles intestinaux. En usage externe, comme ici avec les bains de pieds, la camomille permet d'obtenir de bons résultats dans le traitement des maladies de peau et des plaies enflammées.

De l'ail

Inutile d'énumérer à nouveau les vertus de l'ail, tant elles sont nombreuses en ce qui concerne les traitements cutanés. Pour soulager et ramollir cors et durillons, de nombreux remèdes à base d'ail emplissent les grimoires de nos grands-mères. On peut ainsi mettre sur le cor une gousse d'ail écrasée ou un cataplasme d'ail pilé en protégeant la peau saine avec du sparadrap. Ou bien appliquer une rondelle d'ail sur le cor, en la maintenant avec un pansement toute la nuit. Pendant la journée, laissez le cor à l'air libre et recommencez chaque soir jusqu'à disparition – normalement une quinzaine de jours plus tard.

Une tranche de citron ou de tomate

Appliquez sur le durillon une tranche de citron ou de tomate en la faisant tenir toute la nuit, sans trop serrer, avec de la gaze. Il paraît qu'avec la tomate, une nuit suffira à éliminer le cor. À vous de tirer délicatement le cor avec une pince à épiler pour ôter la racine fine comme un fil. Il est conseillé de renouveler l'opération jusqu'à disparition de la callosité.

Ah, les coups de soleil ! On a beau savoir que c'est douloureux et dangereux pour la peau, il n'y a rien à faire, d'après les sondages neuf Français sur dix n'y font pas attention… voire s'en moquent ! Et à chaque fois, il faut traiter en urgence ces légères brûlures sous peine de souffrances souvent insoutenables, voire de complications plus importantes pour l'épiderme. Si la première précaution à prendre est bien évidemment de se protéger, lorsqu'il est trop tard pour le faire il faut savoir intervenir rapidement. Heureusement, dans ce domaine, nos mamies ont mis au point des remèdes aussi insolites qu'infaillibles pour soulager la douleur… Même si le plus simple reste l'application d'eau très froide. Attention toutefois au degré de la brûlure : si elle est vraiment profonde, consultez votre médecin.

Ma grand-mère m'a dit…

Une tranche de tomate… encore !

Les propriétés thérapeutiques de la tomate sont connues depuis des lustres. On l'utilisait déjà, il y a quelques siècles, pour soigner les éruptions cutanées. Si aujourd'hui les études scientifiques mettent surtout en valeur ses bienfaits en tant qu'aliment, son usage externe peut se révéler utile lors de certaines affections comme les coups de soleil. Dans ce dernier cas, il suffit d'appliquer pendant vingt minutes environ une tranche de tomate sur la brûlure. La tomate soulage la douleur et empêche la peau de cloquer.

Compresses de lait écrémé

Mélangez 25 cl de lait écrémé à 1 litre d'eau et ajoutez quelques glaçons. Appliquez les compresses pendant dix à quinze minutes, et renouvelez l'opération toutes les deux à quatre heures. Les protéines que contient le lait écrémé ont un effet calmant. Ses bactéries actives aident à combattre les infections et, comme le yaourt, le lait écrémé est un hydratant naturel.

Du jus de citron

Mélangez le jus de trois citrons à 50 cl d'eau froide et passez-le sur les coups de soleil. Non seulement cette lotion rafraîchit, mais elle désinfecte et régénère la peau. L'action antibiotique du citron lui a longtemps valu d'être utilisé pour l'hygiène corporelle.

Compresses de feuilles de laitue

Voici le conseil d'un dermatologue qui le tient peut-être lui-même de sa grand-mère (allez savoir !) : faites bouillir dans de l'eau des feuilles de laitue. Passez et laissez refroidir le liquide quelques heures au frigo. Trempez alors des tampons de coton dans la solution et passez-les délicatement sur la peau irritée.

Cataplasmes de yaourt

Rafraîchissant, calmant et hydratant, le yaourt nature est un bon remède d'urgence contre les coups de soleil légers. Badigeonnez la brûlure d'une épaisse couche de yaourt et laissez agir une quinzaine de minutes, puis lavez à l'eau froide avec un savon surgras qui respecte l'hydratation de la peau et séchez délicatement.

De l'huile

Pour ramollir les tissus enflammés et traiter une peau qui commence à peler, l'utilisation d'un corps gras est recommandée. On peut ainsi se frictionner avec de l'huile d'olive, d'amande douce ou d'avocat (qui en plus protège du soleil), voire avec de la lanoline.

Un bain de vinaigre

Pour soulager la douleur, il est également possible de prendre un bain de vinaigre blanc (25 cl) et d'eau froide ou de s'appliquer des compresses de vinaigre de cidre. Le vinaigre a pour effet d'assouplir la peau et de calmer l'irritation.

Cataplasmes de melon

Prenez un melon. Coupez-en de très fines tranches et appliquez-les sur les parties endolories. Dès que la sensation de fraîcheur s'estompe, changez les tranches.

Frictions au thym

Remplissez une bouteille d'huile de germes de blé et de thym fleuri. Laissez macérer deux semaines au soleil en remuant de temps en temps. Filtrez. Utilisez le produit en frictions dès que vous ressentez la moindre brûlure ou démangeaison.

Des sachets de thé sur les paupières

Nous l'avons déjà souligné (voir Bronzage, p. 43), le thé, pris en infusion, a des pouvoirs autobronzants à même de protéger la peau. En cas de coup de soleil sur les paupières – ce qui arrive très souvent –, une application de sachets de thé trempés dans de l'eau froide peut soulager efficacement la douleur et surtout réduire l'enflure provoquée par la brûlure. Rafraîchissant, le thé aide à combattre les effets de la chaleur. Il est aussi reconnu pour régénérer et tonifier la peau.

Cataplasmes au bicarbonate de soude

Mélangez 4 cuillerées à soupe de bicarbonate à quelques gouttes de vinaigre de cidre, de quoi obtenir une pâte très épaisse. Si vous êtes victime d'allergies solaires, appliquez-vous cette pâte sur le visage dès qu'apparaîtront les premières rougeurs.

Contre l'insolation : un casque de feuilles de chou !

Encore un remède qui va vous faire passer pour un illuminé, mais qui marche ! Cette recette de grand-mère contre l'insolation préconise en effet de se poser sur la tête et la nuque un casque de feuilles de chou. Avant application, veillez à écraser la côte principale de chaque feuille avec une bouteille pour en extraire le suc. C'est lui qui agit. À garder sur la tête pendant au moins quatre heures ! Pas facile d'aller faire ses courses dans cet accoutrement, mais il semble que ce soit très efficace.

Combien de fois, enfant, vous êtes-vous retrouvé allongé sur le trottoir ou dans la cour pleine de graviers, les bras en croix, paumes des mains et genoux écorchés et sanguinolents ? Quant aux adultes, entre cuisine et bricolage, les occasions de se couper sont innombrables. Mais il n'y a pas toujours de quoi déranger un médecin. En général, nettoyage à l'eau, pommade antibiotique et pansements font l'affaire. Toutefois, pour accélérer la guérison et la cicatrisation, nos grands-mères avaient plus d'un remède dans leur armoire à malices. Il n'y a qu'une chose à vérifier : êtes-vous bien vacciné contre le tétanos ? Car contre ça, les recettes ci-dessous ne peuvent rien !

Ma grand-mère m'a dit…

Du sucre en poudre

Le sucre est connu pour accélérer le saignement. Donc, a priori, il est contre-indiqué en cas de coupures. Pourtant, appliqué sur une blessure bien nettoyée et séchée, non seulement il favorise la cicatrisation mais possède un pouvoir anti-infectieux. Le sucre, d'après un médecin américain qui ne jure que par lui, empêche les bactéries de se nourrir et donc de se multiplier. Autre avantage : il ne laisse pas se former de croûte et encore moins de cicatrice. Si vos enfants ou petits-enfants débarquent à la maison pour les vacances, il n'est pas inutile de préparer une pommade sucrée, au cas où…

Mélangez de la Bétadine sous forme d'onguent (40 g) et de liquide (15 ml) – on les trouve en pharmacie –

avec du sucre en poudre. Gardez au frais. À chaque petit bobo, lavez et enduisez la plaie quatre fois par jours jusqu'à ce que la guérison soit en bonne voie. Réduisez ensuite le nombre d'applications. Attention : pour cette recette, il est déconseillé d'utiliser du sucre glace ou de la cassonade.

En revanche, nous ne vous recommandons pas cette vieille recette découverte au hasard de nos recherches. Nous avons pourtant été amusés et séduits par les trésors d'imagination développés par nos grands-mamans dans le mode de préparation de « ce baume qui sert pour toutes sortes de coupures, blessures, coups entamés, crevasses des lèvres » : « Pilez du sucre, mettez-le dans une fiole, sur des cendres chaudes, et lorsqu'il est tout fondu mettez-le dans un plat que vous aurez lavé avec du vinaigre bien fort. Le vinaigre étant ôté, versez-y votre sucre où il s'endurcira. Ensuite vous le retirerez et le réduirez en poudre. D'ailleurs (parallèlement), faites cuire et bien durcir des œufs frais. Retirez leur coquille et fendez-les en deux. Ôtez leur jaune et, à leur place, versez la susdite poudre de sucre. Placez les œufs dans un plat d'étain que vous placerez sur un petit gril fait de petites verges ou portions de cannes fendues. La liqueur du sucre chauffé pénétrera le blanc de l'œuf. Ce sera le baume que vous mettrez dans une fiole où vous le conserverez pour vous en servir dans le besoin. »

Compresses de feuilles de menthe

Les feuilles de menthe fraîche ne servent pas uniquement à confectionner des thés rafraîchissants et digestifs. En cas d'égratignures ou d'écorchures, vous pouvez les appliquer directement sur la plaie, en les changeant deux ou trois fois par jour. En plus l'odeur n'est pas désagréable. Anti-inflammatoire, antiseptique, bactéricide, la menthe est depuis longtemps reconnue par la médecine traditionnelle pour son action purificatrice sur la peau. Ne vous en privez pas !

Poivrez !

Pas la peine de crier « au fou » : le poivre noir (ou commun) ne pique que lorsqu'il est appliqué sur les muqueuses. Pour le reste, et plus particulièrement dans les cas qui nous intéressent ici, le poivre mis sur une plaie nette et propre détruit les bactéries, arrête l'hémorragie et constitue donc un excellent cicatrisant. On peut l'utiliser en poudre ou en cataplasmes. Mais franchement, nous préférons la menthe !

Dermites, eczéma, urticaire : leur seule évocation donne irrésistiblement envie de se gratter. Autant de noms différents pour une affection commune : une maladie inflammatoire de la peau provoquant rougeurs, boutons, plaques, gonflements, et surtout de fortes démangeaisons. Et qui dit inflammation – vous commencez à en avoir l'habitude ! – dit anti-inflammatoires. Dans ce registre, de nombreux remèdes de grands-mères remplacent encore aujourd'hui, et avantageusement, certains médicaments, surtout pour soulager les démangeaisons violentes. Mais, encore une fois, ces recettes s'adressent à ceux dont les problèmes de peau restent légers. En cas d'eczéma généralisé ou de rougeurs importantes, c'est le médecin qu'il faut voir.

Ma grand-mère m'a dit...

Du vinaigre

On l'a vu, le vinaigre (surtout celui de cidre) est très apprécié des dermatologues. Grâce à un pH très proche de celui de la peau, le vinaigre de cidre soulage la plupart des irritations cutanées. Il suffit pour cela de l'appliquer pur ou dilué, ou de le diluer plus largement dans un bain chaud. Mélangé à de la farine d'avoine ou de l'argile blanche, substances elles aussi reconnues pour leurs vertus sur la peau, il formera un cataplasme épais très efficace contre les rougeurs.

Cataplasmes de carotte

Pour atténuer la douleur, râpez une carotte et déposez le tout directement sur l'eczéma. Maintenez ce cataplasme en l'entourant d'une gaze. Ce remède fonctionne aussi sur les furoncles. Ici, c'est le bêta-carotène qui agit. Cette provitamine A protège en outre la peau contre les dermatoses.

Lotion au géranium

Un remède de grand-mère typique que la science n'a pas encore cru bon d'approuver, mais dont les résultats ne trahissent pas l'efficacité depuis de longues années : mettez à bouillir 10 feuilles de géranium dans 1 litre d'eau pendant une heure. Appliquez en compresses sur les zones atteintes. Renouvelez l'opération quatre ou cinq fois par jour. Évidemment, en cas de démangeaisons répétées, changez de remède car celui-ci risque de vous coûter cher en géraniums !

Cataplasmes au concombre

Le soir, appliquez des tranches de concombre sur les démangeaisons. Fixez-les avec une gaze et gardez ce cataplasme toute la nuit.

Bain au bicarbonate de soude ou à l'avoine

Trempez-vous dans un bain chaud additionné de bicarbonate de soude. La température de l'eau permet aux pores de la peau de se dilater, par conséquent au bicarbonate de pénétrer plus facilement pour soulager les démangeaisons.

On peut également prendre un bain aux flocons d'avoine. Il faut pour cela mettre 50 cl de farine d'avoine colloïdale (en poudre) dans l'eau du bain et se servir de la poudre qui reste en suspension dans l'eau comme d'un savon.

Compresses de lait glacé

Mélangez du lait et des glaçons dans un verre. Après avoir laissé reposer quelques minutes, versez la mixture sur une compresse de gaze ou de coton et appliquez sur les parties touchées pendant trois minutes. Puis changez de compresse et renouvelez l'application dix minutes cette fois.

Compresses au citron et au miel

Dans 25 cl d'eau tiède, versez 8 gouttes d'huile essentielle de citron et délayez en y ajoutant 1 cuillerée à soupe de miel. Versez le mélange sur une compresse, essorez-la puis appliquez-la sur l'eczéma. Cela devrait rapidement calmer vos démangeaisons.

Compresses de camomille

Pour soulager la douleur, on peut préparer une décoction de fleurs de camomille séchées (30 g pour 1 litre d'eau). La camomille est aujourd'hui réputée lutter efficacement contre les démangeaisons et calmer les irritations. Quand la décoction a bouilli une dizaine de minutes, laissez tiédir et appliquez-la en compresses une bonne vingtaine de minutes. Renouvelez jusqu'à disparition de la douleur. Une autre recette préconise de faire macérer pendant trois jours des feuilles de camomille ou une poignée de fleurs de lavande dans de l'huile d'olive avant de l'appliquer en compresse.

Autrefois, on avait tendance à n'aller voir son dentiste qu'en cas de carie. Aujourd'hui, on respecte plus l'obligation de faire pratiquer des détartrages réguliers, pour éviter – plus tard – les parodonties (dents « déchaussées », gencives enflammées, etc.). Et l'on insiste sur les soins quotidiens : brossage matin et soir, de haut en bas, deux minutes montre en main, avec le dentifrice de votre choix (publicitaire !) ou celui que vous a conseillé votre médecin.

Cela dit, pour arborer un sourire étincelant, calmer les douleurs, renforcer les gencives et nettoyer en profondeur, nos aïeules nous ont légué quelques recettes de leur cru à ne pas négliger.

Ma grand-mère m'a dit...

Pour des dents blanches

Dentifrice au savon de Marseille

Frottez la brosse à dents humide sur le savon jusqu'à ce qu'elle soit couverte d'une couche assez épaisse et brossez. Le savon de Marseille est composé d'acides gras tirés d'huiles d'olive, d'arachide ou de sésame. Transformés en savon par ce que l'on appelle un alcali, ces acides gras n'en gardent pas moins certaines de leurs propriétés, parmi lesquelles le pouvoir de combattre les infections et de fournir un dentifrice qui vaut bien ceux qui sont proposés dans le commerce.

Dentifrice au miel et charbon de bois

Voici une recette pour garder les dents bien blanches. Mélangez 1 cuillerée à café de miel liquide avec 5 g de charbon de bois finement pulvérisé. Lavez-vous les dents une fois par semaine avec ce dentifrice. N'oubliez pas de bien rincer.

Dentifrice au citron et à l'argile

Pour garder les dents blanches, mélangez 2 gouttes d'huile essentielle de citron avec de la poudre d'argile verte et de l'eau. Servez-vous de cette pâte dentifrice quotidiennement, le matin ou le soir (eh oui, normalement, nos grands-mères nous envoyaient nous laver les dents deux fois par jour !). Non seulement cette pâte rafraîchit, assainit et blanchit les dents, mais elle protège les gencives.

Contre les douleurs dentaires

Pour ne plus souffrir des dents, une grand-mère du Gers avait une recette infaillible : appliquer de l'ail cuit sous les cendres d'un feu de la Saint-Jean. Bref, il fallait avoir mal aux dents le 23 juin, jour de la fête, et disposer du feu qui l'accompagne. Un peu restreint comme utilisation ! Ailleurs on retrouve la même recette, cette fois valable toute l'année, mais avec une variante originale puisque l'on doit introduire une seconde gousse d'ail dans l'oreille... Depuis, même si l'ail a largement démontré ses propriétés antiseptiques et anti-infectieuses, les remèdes ont évolué. L'un d'eux consiste à utiliser du vinaigre. Pris en bains de bouches, le vinaigre, antiseptique par excellence, est également un bon analgésique. Mélangez du vinaigre de vin ou de cidre avec de l'eau (à parts égales) et faites bouillir l'ensemble avec du sel, du poivre, un clou de girofle et un peu d'eau-de-vie.

Contre les gingivites

La gingivite est une inflammation des gencives qui se traduit par un gonflement et des douleurs. La gencive rougit, enfle, saigne ou se nécrose. Sans soins, vous risquez de perdre vos dents. Les causes de ces irritations locales ou générales sont nombreuses : tartre à la base des dents, couronne mal ajustée, diabète, infection virale ou bactérienne. L'American Dental Association affirme que 75 % des hommes et des femmes de plus de trente-cinq ans souffrent au moins une fois de gingivite.

Contre les gingivites, il est recommandé de manger des légumes crus tous les jours. Leurs fibres, en effet, contribuent à nettoyer les dents. Mais nos grands-mères avaient bien d'autres astuces.

Massage au bicarbonate, sel et eau

Selon, cette fois, l'International Dental Association, se brosser les dents une fois par jour avec une pâte composée de bicarbonate de soude et de sel, le tout délayé dans un peu d'eau, permet non seulement de se débarrasser du tartre dentaire mais de neutraliser les bactéries cachées entre les dents et la gencive. Il suffit d'appliquer cette pâte avec les doigts sur les parties enflées et de les frotter avec une brosse douce. Le bicarbonate est lui aussi reconnu pour conserver la blancheur des dents. Ce qui ne dispense pas d'un brossage au dentifrice traditionnel.

Croquez une pomme !

Croquer une pomme chaque jour désinfecte la bouche et renforce les gencives. C'est également un excellent remède contre le bruxisme. Le bruxisme – que l'on appelle plus vulgairement grincement de dents. Il touche surtout les jeunes enfants dont la mâchoire hyperactive continue à travailler pendant leur sommeil. Croquer une pomme, des carottes crues ou du chou-fleur chaque soir avant de s'endormir aide à calmer la mâchoire.

Du lait en poudre

Pour apaiser la douleur, versez-vous petit à petit 1 cuillerée à soupe de lait en poudre dans la bouche en mastiquant bien. Ce remède est à utiliser tous les matins, à jeun, pendant trois semaines. Ensuite, foi de grand-mère, vos gencives ne vous feront plus souffrir.

LA SCIENCE DIT OUI

Le cacao, c'est bon pour les dents !

Une équipe de scientifiques du CIRAD (Centre de coopération internationale en recherche agronomique pour le développement) de Montpellier vient de mettre en évidence que le cacao participe, grâce à sa richesse en fluor et en phosphate, à la prévention des caries dentaires.

Vous êtes déprimé. Pas la petite déprime qui s'éloigne au moindre événement positif intervenant dans votre vie. Non, la vraie dépression, cette affection typique de l'époque dont souffrent, selon certaines études, environ 4 % de la population mondiale. Une maladie que le dictionnaire décrit comme un « état mental pathologique caractérisé par une modification profonde de l'humeur, dans le sens de la tristesse, de la souffrance morale et du ralentissement psychomoteur ».

Résultat : rien de ce qui vient de l'extérieur ne cause du plaisir, le dépressif se dévalorise, culpabilise, angoisse, manque de motivation et de concentration au travail. Si une psychothérapie s'impose, le médecin traitant prescrit également des antidépresseurs dont l'un des dangers se résume en un seul mot : dépendance.

Ma grand-mère m'a dit…

Du millepertuis

Aurions-nous oublié que, depuis des centaines d'années, une plante joue un rôle étonnamment efficace contre les dépressions : le millepertuis ? Dans la Grèce antique, on en suspendait au-dessus des statues des divinités afin de les protéger des mauvais esprits. Il servait même à chasser les démons des possédés. Les bienfaits de cette plante étaient déjà cités à l'époque de Pline l'Ancien, qui n'hésitait pas à la recommander pour traiter les sciatiques ! Aujourd'hui, les études ont prouvé ses vertus contre les déprimes et les dépressions. Son extrait donnerait ainsi des résultats égaux voire supérieurs à ceux obtenus grâce aux antidépresseurs, sans accoutumance ni effets secondaires.

Le rôle antidépresseur du millepertuis a été découvert par hasard. On a observé un jour que des extraits de millepertuis provoquaient une modification du comportement chez le rat, avec, en particulier, une augmentation de sa mobilité et une fatigabilité moindre.

Pour que le millepertuis devienne un produit efficace, la plante nécessite un traitement particulier. L'extrait qui agit sur la dépression s'appelle l'hypéricine. Pour la recueillir, il faut impérativement faire macérer les fleurs de la plante dans de l'alcool et laisser s'évaporer le liquide. Certaines observations, ainsi que les nombreuses études cliniques réalisées ces dernières années, semblent confirmer l'efficacité du millepertuis dans le traitement des syndromes dépressifs. De 3 à 9 g d'hypéricine par jour suffiraient à traiter des dépressions légères ou moyennes. Aujourd'hui disponibles en dragées ou en gouttes, ces préparations représentent déjà un chiffre d'affaires colossal qui ne cesse d'augmenter, surtout aux États-Unis où l'on ne jure que par l'hypéricine. Ainsi, en 1997, les ventes mondiales de millepertuis rapportaient six millions de francs. Un an plus tard, elles atteignaient le centuple. La durée du traitement préconisée est généralement de quatre à six semaines avec, selon de récentes études, 80 % de chances d'amélioration. Ceux qui souhaiteraient abandonner leurs antidépresseurs chimiques contre du millepertuis doivent cependant consulter absolument un médecin pour mettre au point un traitement adapté à leur dépression.

À vos tablettes !

Boisson sacrée du Dieu légendaire des Aztèques qui lui valut d'être qualifié d'« aliment des dieux » par Linné, le chocolat recèle des trésors de bienfaits thérapeutiques.

Magnésium, fer, calcium, phosphore et potassium, le chocolat contient aussi des vitamines B1 et B2. Il est ainsi devenu l'aliment plaisir et santé par excellence.

Les états dépressifs sont souvent associés à de fortes carences en magnésium, l'anxiété étant une cause importante de perte magnésique. Or le chocolat regorge de magnésium (110 mg pour 100 g de chocolat noir à croquer, les apports recommandés étant d'environ 300 mg par jour). Sans compter de nombreuses substances qu'il recèle et que de multiples études commencent à mettre en évidence pour leur action contre les troubles du moral (voir encadré ci-dessous).

LA SCIENCE DIT OUI

Le chocolat

Entretien avec le Dr Didier Chapelot, docteur en médecine et en sciences, maître de conférences en physiologie à l'université Paris-XIII, UFR de sciences, médecine et biologie humaines Léonard-de-Vinci, à Bobigny.

– *Y a-t-il dans le chocolat des substances pouvant produire des effets sur le psychisme ?*

– Il y a plusieurs raisons susceptibles d'induire des effets sur le psychisme. Les plus connues sont les effets psychostimulants produits par la théobromine et la caféine. Deux autres substances, dont la structure moléculaire est proche des amphétamines, ont des propriétés similaires : il s'agit de la phényléthylamine (PEA) et de la tyramine. Quant à la sérotonine, neuromédiateur bien connu, elle est actuellement très employée en pharmacologie comme antidépresseur. Elle est aussi utilisée comme anorexigène, ce qui peut sembler paradoxal quand on sait que le chocolat est fréquemment exclu des régimes amaigrissants. Enfin l'anandamide, lipide cérébral, produirait des effets proches de ceux du cannabis !

– *Peut-on évaluer précisément l'effet de ces substances lors d'une consommation habituelle de chocolat ?*

– Si l'on connaît bien les effets pharmacologiques de ces différentes molécules prises isolément, on sait peu de chose sur leurs propriétés au sein d'un aliment complexe comme le chocolat. En tout cas les effets réels sont encore du domaine des hypothèses, mais l'on sait qu'un comportement, même alimentaire, n'est répété par l'animal ou l'humain que s'il apporte un certain bénéfice à l'organisme.

– *Existe-t-il tout de même des éléments pour dire que le chocolat est un aliment antidépresseur ?*

– La question mérite en effet d'être posée. Il y a treize ans, la relation entre consommation de chocolat et certains symptômes dépressifs était mise en évidence. Une équipe finlandaise a par ailleurs rapporté que les consommateurs réguliers de chocolat avaient des scores dépressifs plus élevés qu'un groupe témoin. Enfin, tout récemment, une équipe française a montré que parmi quinze individus considérés comme gros consommateurs de chocolat (50 g de cacao par jour, soit environ 100 g de chocolat), treize avaient des antécédents de syndrome dépressif majeur. Cela suggère qu'il y a bien entre chocolat et dépression certains liens.

– *Les amateurs de chocolat seraient-ils portés vers cet aliment parce qu'ils y trouveraient des bienfaits sur leur psychisme ?*

– Les dépressifs trouvent-ils dans le chocolat des substances qui agissent sur leur humeur, ou est-ce le seul plaisir procuré par les caractères sensoriels du chocolat qui réduit leurs symptômes dépressifs ? Beaucoup pensaient jusque-là qu'il existait un appétit spécifique pour les substances que véhiculait le chocolat. Cependant, si l'on donne du chocolat sans les substances citées ou si l'on donne ces substances sous forme de gélules, c'est le chocolat qui conserve les faveurs des sujets[1]. Le goût même du chocolat semble donc prévaloir sur les substances que ce goût annonce.

1. Michener W., Rozin P., *Physiology & Behavior,* 1994, 56 : 419-22.

La diarrhée est un problème mondial de santé publique qui affecte chacun d'entre nous au moins une fois dans sa vie. Elle peut être légère ou fatale. La diarrhée aiguë ou gastro-entérite infectieuse reste l'une des principales causes de mortalité et de morbidité infantiles dans le monde. Trois à six millions d'enfants en mourraient chaque année, notamment avant l'âge de cinq ans. Si elle peut avoir des origines diverses, la diarrhée est le fait d'un travail intestinal contrarié par des parasites, la conséquence d'une intoxication alimentaire ou de maladies telles que le diabète et la goutte. Un choc émotionnel peut aussi la déclencher. Soigner rapidement une diarrhée, quelle qu'elle soit, est donc vital car elle entraîne une déshydratation plus ou moins importante. Si, pour la combattre, la médecine a mis au point une thérapie de réhydratation orale à l'aide d'une solution sucrée-salée, nos grands-mères n'ont pas attendu la confirmation des études scientifiques pour appliquer leurs remèdes miracles. Parmi eux : l'argile et le yaourt.

Ma grand-mère m'a dit...

De l'argile

En ce qui concerne l'argile, pas question ici de se tremper le derrière dans une bassine de boue. Prise par voie interne, en revanche, l'argile, matière absorbante, protège la muqueuse intestinale, stimule l'appétit et normalise le transit. Ses qualités anti-inflammatoires et cicatrisantes font le reste.

Du yaourt

Depuis très longtemps, le yaourt a été associé au traitement de la diarrhée. Au XVIe siècle par exemple, François Ier, souffrant d'une diarrhée chronique, aurait été traité et guéri grâce à un mystérieux lait fermenté provenant de Turquie. Beaucoup plus tard, au début du XXe siècle, Isaac Carasso créa en Espagne une petite fabrique de yaourts destinés à combattre les infections intestinales, localement fréquentes en raison de la chaleur du climat, des mauvaises conditions d'hygiène et d'alimentation. Le yaourt fut d'abord vendu uniquement en pharmacie sur prescription médicale comme « un produit sain destiné aux personnes souffrant d'infections intestinales ». La réputation de ce nouveau produit étant faite, il fut rapidement disponible dans les crémeries. David Carasso, le fils d'Isaac, ouvrit des fabriques en France en 1929 et aux États-Unis en 1942. Le nom de leur société : Danone.

Certes, on ne va pas lier l'histoire de ce médicament contre la diarrhée à la seule société Danone, d'autant que les études scientifiques qui suivirent ne validèrent pas toutes les vertus supposées du yaourt. Elles confirmèrent cependant celles du lait fermenté en matière de prévention et de traitement des diarrhées, ce qui nous intéresse ici. Les bactéries lactiques utilisées dans les laits fermentés peuvent survivre au transit gastro-intestinal et agir directement, et donc plus efficacement, au niveau des intestins, faisant du yaourt un excellent antibiotique.

Une cure de carottes

Quelle grand-mère n'a jamais donné de carottes, en tranches ou en purée, à ses petits-enfants atteints de diarrhée ? La carotte, riche en sucre, en pectine et en mucilages (substances végétales qui gonflent au contact de l'eau), représente un antidiarrhéique incontournable. Les carottes permettent en outre de remplacer électrolytes et minéraux perdus lors de la diarrhée.

Du son

Il agit de la même façon sur les intestins que les produits cités auparavant, avec, en plus, un effet sur la constipation. En cas de diarrhée, le son est capable de rendre les selles plus fermes, tandis que parallèlement, en cas de constipation, il ramollit les selles dures et sèches.

Des artichauts

Manger un ou deux artichauts crus par jour pendant plusieurs semaines aide à prévenir les infections et les diarrhées. Des études ont prouvé l'existence dans les feuilles de l'artichaut d'une substance, la cyranine, particulièrement efficace pour lutter contre les troubles hépatiques. Grâce à la cyranine, l'artichaut est devenu un bon remède contre les intoxications alimentaires souvent causes de diarrhées.

La science dit oui

L'artichaut, excellent pour la digestion

Si, pour certains phytothérapeutes, l'artichaut représente « l'une de [leurs] plus belles conquêtes », les spécialistes des problèmes digestifs ne sont pas loin de penser la même chose de ce légume aux propriétés hépatoprotectrices remarquables. Digeste, énergétique, riche en manganèse, phosphore, fer, vitamines A, B et C, l'artichaut est le remède pour faciliter la digestion.

Les vertus de la feuille d'artichaut sont connues depuis le IVe siècle avant notre ère. Inutile cependant de vous en gaver : ce ne sont pas les feuilles que nous consommons qui possèdent le plus de qualités, mais celles qui longent la tige. Ces dernières sont rarement vendues dans le commerce. De toute façon, qu'en ferait-on ? Elles sont bien trop amères pour être préparées en salade ! Les chercheurs se les sont donc appropriées pour en tirer tous les principes actifs que l'on retrouve aujourd'hui dans les gélules et les ampoules vendues en pharmacie ou dans les magasins diététiques. Ainsi, la feuille d'artichaut en poudre est diurétique : elle favorise les fonctions d'élimination rénale. Elle stimule également la production de la bile et en facilite l'élimination vers l'intestin. Grâce à cette action biliaire, drainante et détoxicante, l'artichaut reste inégalé dans le traitement des troubles hépatiques : intoxication alimentaire, excès de graisse et d'alcool, paresse digestive, calculs biliaires (mais à ne pas utiliser dans les cas graves). Il aide même à lutter contre la constipation et, grâce à ses propriétés anti-infectieuses, prévient les intoxications causes de diarrhées. Pour être efficace, l'artichaut doit être pris en cure. Et donc sous surveillance médicale.

Du thé aux myrtilles

Laissez infuser dix à quinze minutes 2 cuillerées à café de myrtilles sèches par tasse, et buvez-en deux à quatre tasses par jour jusqu'à consistance normale des selles. Si la diarrhée persiste au-delà de trois jours, consultez votre pharmacien ou votre médecin.

Du charbon (aujourd'hui activé)

Pas question de brûler votre stock de bois pour en récupérer le charbon : ce dernier existe en gélules et, pris sous cette forme, il se révèle bien plus efficace. Le charbon activé est le charbon végétal que nous connaissons tous, sauf que celui-ci, pour augmenter ses pouvoirs adsorbants, est chauffé de manière prolongée. On dit alors qu'il est activé. Les gélules vendues en pharmacie sont d'autant plus efficaces contre la diarrhée que le charbon a comme propriété, entre autres, d'absorber un grand nombre de substances, et notamment les bactéries intestinales. Ne vous étonnez pas si vos selles sont un peu noires et si vous souffrez d'une légère constipation : c'est normal.

Une cure de pommes

La cure de pommes pour traiter les diarrhées chroniques ou aiguës est connue depuis longtemps. Mais il faut aimer ces fruits ! Le malade devra en effet consommer 500 g par jour de pommes pelées, bien mûres, finement râpées ou bien mâchées. Et crues de préférence. La pomme – pauvre en protéines et en lipides – n'étant pas un aliment complet, il est recommandé de ne suivre ce régime que lors de véritables crises de diarrhées et de poursuivre une alimentation normale et variée en parallèle pour éviter les carences.

Buvez l'eau de cuisson du riz

En Chine, sa culture remonte à l'an 2800 avant notre ère. Énergétique et reminéralisant, le riz a une valeur nutritive exceptionnelle. Sa richesse en lysine en fait même la céréale la plus complète en acides aminés. Faiblement pourvu en lipides, il est facile à digérer.

Depuis 1995 et la publication dans The Lancet des résultats de travaux canadiens, on est maintenant sûr que le riz est un agent antidiarrhéique efficace. L'eau de riz particulièrement, qui a un effet antisécrétoire sur l'intestin grêle. Des vertus d'autant plus précieuses que le riz permet actuellement de nourrir 50 % de la population mondiale.

Douleurs musculaires et articulaires

Muscles froissés, tendinites, contractures, torticolis, lumbagos : ces douleurs nous gâchent le quotidien, limitent nos mouvements et provoquent de nouvelles contractures qui augmentent la souffrance, et l'on n'en sort pas. Bien sûr il y a l'électrothérapie, les calmants (qui ensommeillent), les anti-inflammatoires, la cortisone parfois. Mais il y a aussi des méthodes ancestrales que la médecine, sans les « officialiser » encore toutes, juge intéressantes.

Ma grand-mère m'a dit…

Aimanter la douleur

En fait, à défaut de grands-mères en ligne directe, il s'agirait plutôt ici de nos ancêtres chinoises qui, bien avant nos rebouteux et médecins populaires, traitaient les douleurs « mécaniques » à leur manière : en utilisant des aimants.

Il a fallu attendre 1958 pour découvrir les recherches du Japonais Nakagawa et ses conclusions sur le soulagement des raideurs d'épaule par le port de bracelets aimantés en ferrites. Une étude encore trop marginale à l'époque pour convaincre la médecine traditionnelle de faire sortir l'aimantothérapie (ou magnétothérapie) de son ghetto des « médecines parallèles ». Et qui dit « parallèle » signifie bien sûr que le procédé n'a aucune chance de croiser le chemin des médecines traditionnelles, lesquelles refusent encore de cautionner l'utilisation d'aimants antidouleur. Pourtant, les aimants sont depuis longtemps employés pour lutter contre les douleurs musculaires et articulaires, leur principal champ d'application.

D'après les analyses cliniques, l'action thérapeutique de l'aimant repose sur les principes suivants, expliqués par le Dr Donnet, spécialiste de l'aimantothérapie et auteur d'un ouvrage de référence sur le sujet : « La force magnétique de chaque pastille aimantée pénètre profondément dans les tissus sous-cutanés. Un effet joule sous forme de chaleur est alors créé, résultant d'un courant électrique induit dans le sang. Le taux d'oxygène sanguin se trouve ainsi augmenté. Il survient une dissociation électrolytique qui active la circulation du sang et décontracte les muscles. L'action antalgique s'explique par la création locale d'un champ magnétique puissant qui favorise la sécrétion d'endorphine, la morphine naturelle du corps, donc permet des mouvements plus aisés et la création d'un cercle vertueux : moins de douleurs donc plus de mouvements, plus de mouvements donc une meilleure agilité et mobilité. »

Ainsi les sportifs de haut niveau utilisent depuis longtemps l'aimantothérapie pour combattre les tendinites, tennis-elbow et autres contractures musculaires.

Encore faut-il savoir bien appliquer les aimants ! C'est même, d'après le Dr Donnet, ce qui a valu à l'aimantothérapie sa mauvaise réputation. Vendus librement dans le commerce, sans mode d'emploi vraiment précis, les aimants ont été utilisés en dépit du bon sens. Conséquence : des résultats parfois nuls, toujours décevants. Trop rarement à la hauteur des vertus théoriques vantées dans les ouvrages spécialisés, l'aimantothérapie a vite rejoint les disciplines taxées de charlatanisme. À tort !

Attention donc : si l'utilisation d'aimants est surtout recommandée pour les douleurs musculaires et articulaires, les torticolis, les lumbagos, les rhumatismes et les migraines, seul un spécialiste de cette technique pourra efficacement vous aider et faire redécouvrir cette méthode.

Frictions d'ail et d'alcool camphré

Ce genre de frictions soulage immédiatement la douleur. Pilez de l'ail et mélangez-le, dans une bouteille, à de l'alcool camphré (90 % d'alcool). Laissez macérer dix jours en secouant fortement de temps à autre puis frictionnez les points douloureux. Cette recette présente deux inconvénients : l'odeur et la nécessité d'utiliser une bouteille qui ferme très bien, faute de quoi le principe actif de cette potion s'évaporera rapidement.

On peut remplacer l'alcool camphré par de l'huile d'olive. Le soulagement de la douleur est tout aussi efficace.

ÉNERGIE
(LUTTE CONTRE LA FATIGUE)

Complexes plurivitaminés, compléments alimentaires et autres médicaments vantés à la télévision : ils ont leurs avantages, mais pourquoi ne pas faire plus simple, et surtout plus naturel ?

Ma grand-mère m'a dit…

Mangez du chou

Pour combattre la fatigue, nos mamies ont adopté le jus d'orange, le jus de raisin et le jus de pomme, fortifiants universellement et scientifiquement reconnus. Certaines préconisent encore le bouillon de lapin, aussi efficace. Il y a celles, enfin, qui ne jurent que par ce qu'elles considèrent comme le roi des aliments santé : le chou. Et elles ont bien raison ! Pour redonner tonus et vitalité, rien ne vaut une bonne cure de chou, riche en fibres, pauvre en calories et bourré de vitamines. Légume très résistant, et notamment au gel, il fut pendant longtemps la seule source de vitamine C des habitants des régions du Nord pendant l'hiver. Et c'est grâce à lui que le scorbut, maladie provenant d'une carence grave en vitamine C, disparut totalement des bateaux d'antan. Il n'est donc pas étonnant que nos grands-parents en gardent encore à la cave, où il se conserve très bien. Sa vitamine C est surtout présente dans les feuilles extérieures, mais on la trouve aussi en quantité appréciable dans le cœur du légume (57 mg pour 100 g de chou cru). Même propriétés pour son cousin italien le brocoli.

Ginseng et gingembre, racines de l'énergie

Le ginseng, mentionné pour la première fois dans des écrits datant de 3 300 ans avant notre ère, est sans aucun doute la plante la plus célèbre de la médecine traditionnelle chinoise. On dit d'elle qu'elle « guérit tout ». Sa composition chimique est d'une grande complexité. De nombreuses substances y ont été découvertes, en particulier les saponines, des molécules appelées ginsénosides. Les premières études sur les propriétés biologiques et pharmacologiques du ginseng ont été réalisées vers 1960 en URSS. Depuis, de nombreuses expérimentations animales, ainsi que des études cliniques, ont été menées pour démontrer un effet antifatigue. Bien d'autres vertus du ginseng sont encore citées dans la littérature scientifique, comme la modulation de la réponse immunitaire, la protection contre les radicaux libres en excès, etc.

Autre plante exotique réputée stimulante et fortifiante : le gingembre. Élément essentiel de la pharmacopée traditionnelle orientale – pour laquelle, comme le ginseng, il constitue une panacée –, le gingembre est aussi utilisé en médecine occidentale depuis les temps antiques. Possédant d'incontestables propriétés digestives, il est surtout reconnu pour ses vertus stimulantes, voire aphrodisiaques. Le gingembre est d'ailleurs officiellement inscrit comme stimulant à la pharmacopée française depuis 1949.

Avouez qu'il est plus agréable, pour se remettre sur pied après une grippe ou une grosse période de travail, d'apprendre à préparer des plats au gingembre ou une bonne potée au chou que de se ruer sur des fortifiants qui vous apporteront la même chose, sûrement, mais sans le goût !

Infusion de feuilles de cassis

Très riches en vitamines C (220 mg pour 100 g), les feuilles de cassis en contiennent quatre fois plus que l'orange. Ainsi, 40 g de feuilles de cassis suffisent à couvrir l'apport quotidien recommandé en vitamine C. Il n'est donc pas étonnant de voir nos grands-mères préparer des infusions de feuilles fraîches dans de l'eau. Il suffit de laisser chauffer les feuilles (achetées chez un herboriste) à feux doux jusqu'à ébullition, de laisser infuser une dizaine de minutes et d'en boire trois ou quatre tasses par jour.

De l'ail et du vin d'oignon

Pour ceux qui ont le cœur bien accroché et l'estomac assez solide, manger une gousse d'ail à jeun pendant quelques semaines est reconnu comme étant efficace contre les états de fatigue.

Une autre recette inusitée aujourd'hui fait état d'une mixture à base d'oignon râpé, de miel et de vin blanc. Le tout, mélangé dans une bouteille de 1 litre et mis à macérer une quinzaine de jours, doit être ingurgité à raison de 3 cuillerées par jour. L'ail et l'oignon sont deux bons stimulants de l'organisme. Mais si – après tout ce que l'on vient de vous dire sur les vertus du chou ou d'autres fruits et légumes plus digestibles – votre grand-mère persiste à vous recommander ces deux traitements, soit c'est une perverse, soit vous l'avez bien mérité !

LA SCIENCE DIT OUI

La gelée royale, fortifiant de luxe

Elle est roborative, fortifiante, tonifiante, avec des fonctions physiques et psychiques : c'est ce qu'affirment certains dépliants publicitaires et les accros de la gelée royale.

La gelée royale est la sécrétion des ouvrières nourricières qui élèvent le couvain. Toutes les larves de la reine des abeilles sont alimentées pendant trois jours – beaucoup et en exclusivité – avec cette substance qui sert ensuite de nourriture à la reine. D'où son nom. C'est à cette alimentation particulière que sont attribuées la longévité et la fécondité sans pareilles de la reine des abeilles.

La gelée royale est composée de protides (31 %), de glucides (15 %) et de lipides (15 %). Elle renferme une concentration exceptionnelle de vitamines du groupe B et un cocktail d'oligoéléments. Il n'est donc pas étonnant qu'elle soit recommandée pendant la grossesse, la convalescence et en cas d'affaiblissement dû au vieillissement. Cependant des études sérieuses manquent pour confirmer toutes ces hypothèses.

On peut acheter de la gelée royale pure, additionnée de miel, ou encore mélangée à du miel et du pollen. On la trouve aussi dans de nombreux produits cosmétiques : crèmes de soin pour le visage, laits corporels et démaquillants.

Il s'agit de ces fameux « bleus » d'après coup, aussi douloureux qu'inesthétiques, qui sont engendrés par la diffusion du sang dans le tissu sous-cutané.

Ma grand-mère m'a dit...

Cataplasmes de vinaigre et d'argile

Délayez de l'argile verte dans de l'eau vinaigrée pour obtenir une pâte épaisse, appliquez sur les bleus et laissez agir au moins une heure.

Frictions et cataplasmes au persil, gros sel et eau-de-vie

Mettez dans un bol du persil haché et du gros sel. Mouillez ce mélange avec de l'eau-de-vie pour en faire une pâte. Appliquez cette pâte sur la zone affectée. Si vous ne possédez pas d'eau-de-vie sous la main, la mixture procurera les mêmes effets avec du rhum ou de la vodka.

« Pour éviter les engelures et les prévenir, roulez-vous complètement nu dans la première neige qui tombera. » Un conseil : ne testez pas cette méthode peu orthodoxe dénichée dans un ouvrage poussiéreux et recommandée dans certaines de nos régions les plus reculées. Mais n'imaginez pas non plus que seuls les montagnards et autres alpinistes soient concernés par les engelures. D'ailleurs, les quelques remèdes que nous avons trouvés pour les combattre proviennent de régions tempérées où un coup de froid humide plus fort que d'habitude suffit à provoquer ces lésions de la peau.

Atteignant surtout les enfants et les sportifs, les engelures se déclarent aux extrémités des membres, parties les moins bien irriguées du corps : orteils, doigts, oreilles, nez et même fesses. Les parties touchées par ce refroidissement de la peau deviennent alors tuméfiées, rouges ou violacées. Lorsqu'elles se réchauffent, cela provoque de douloureux et insupportables picotements pouvant durer plusieurs heures. Les engelures graves nécessitent l'intervention d'un médecin, car les tissus se nécrosent, ce qui peut entraîner des complications assez importantes (jusqu'à l'amputation). Mais toutes les engelures ne sont pas dramatiques et ces quelques trucs de mamies d'autrefois permettront de les éviter ou de soulager les douleurs... avant un passage recommandé chez un spécialiste.

Ma grand-mère m'a dit...

Une soupe de céleri

La vitamine A contenue dans le céleri joue un rôle important favorisant la cicatrisation, la reconstruction et la protection de la peau. Depuis longtemps on utilise le jus de céleri pour accélérer la cicatrisation des plaies. En ce qui concerne les engelures : achetez du céleri rave ou en branches, ou bien les deux, c'est encore mieux. Mais ne vous préparez pas à les manger ! Car la soupe bien moulinée que vous confectionnerez avec est uniquement faite pour y tremper ses engelures. Chaque soir réchauffez un peu de soupe, baignez-y doigts ou orteils touchés pendant une dizaine de minutes. Avantage : cette soupe se conserve une semaine au frigo. Au bout de quelques jours de ce traitement, les engelures sécheront et disparaîtront.

Compresses de jus de citron ou de jus d'oignon

Deux autres recettes préconisent des compresses d'huile d'olive chaude battue avec du jus de citron, ou des compresses de jus d'oignon maintenues avec un bandage et renouvelées jusqu'à disparition complète de l'engelure.

Vous avez une fièvre de cheval et pas d'aspirine sous la main. Vous vous trouvez alors dans la même situation que nos grands-mères à l'époque où l'acide acétylsalicylique n'existait pas pour combattre ces poussées de chaleur qui font monter la température du corps au-delà des 37,7 °C. Et même quand ce médicament était disponible, lorsque ces grands-mères vivaient à plusieurs kilomètres du premier médecin ou de la première pharmacie, croyez bien qu'elles n'attendaient pas pour se soigner le passage au village de la malle-poste pour le gros bourg voisin. Sans aller jusqu'à suivre un dicton tourangeau selon lequel « manger de l'ail le 1er mai éloigne la fièvre pour le restant de l'année », la médecine populaire a développé des remèdes d'urgence pour la faire tomber et réhydrater le corps (très important) avant la visite médicale nécessaire, cela va de soi mais il vaut mieux le rappeler. En effet, la fièvre annonce l'arrivée d'une maladie, le plus souvent infectieuse. Et puisqu'il faut boire beaucoup en cas de forte température, les tisanes figurent au premier rang des recettes de nos aïeules.

Ma grand-mère m'a dit...

Tisane de thym, de fleurs de tilleul et de camomille séchées

Le thym possède des propriétés antiseptiques reconnues depuis l'Antiquité. Bacilles et virus n'y résistent pas. On l'a même baptisé, rappelons-le, l'antibiotique du pauvre. Aujourd'hui, on sait que nos anciens avaient vu juste. Les études pharmacologiques ont fait ressortir de cet aromate le thymol, un puissant bactéricide. La camomille, elle, réduit l'inflammation, et le tilleul, dont les vertus sont connues et approuvées depuis toujours, favorise la transpiration. Prenez 10 g de chacune de ces plantes, mélangez-les et laissez-les infuser au moins cinq minutes dans environ 25 cl d'eau bouillante. Filtrez et buvez chaud. Plusieurs tasses par jour devraient permettre de récupérer quelques forces.

Infusion d'artichaut

Riche en potassium, en vitamines, en phosphore et en manganèse, l'artichaut est un bon légume pour redonner tonus et vitalité. S'il est surtout employé pour lutter contre les affections hépatiques, une infusion de ses racines dans de l'eau bouillante contribue à faire baisser la température.

Pour ceux qui n'auraient pas encore conscience de son importance, le foie est un organe vital. Sans lui, la vie est impossible. Le foie sert entre autres à la sécrétion de la bile dans l'intestin, à la synthèse du cholestérol, des acides biliaires et des protéines plasmatiques, au métabolisme des médicaments et des produits d'origine intestinale dérivés des aliments. Bref il faut y faire attention, et veiller à son bon fonctionnement.

Ma grand-mère m'a dit...

De l'huile d'olive, toujours !

Pour stimuler un foie paresseux, prenez tous les matins, à jeun, 1 cuillerée d'huile d'olive vierge. Pour en améliorer un peu le goût, vous pouvez y ajouter quelques gouttes de citron. L'huile d'olive favorise le transit intestinal, est bonne pour l'estomac et la vésicule biliaire. Elle est aussi, on l'a vu, un ingrédient efficace pour lutter contre le mauvais cholestérol.

Cure d'artichaut

L'artichaut est sans conteste le légume idéal pour stimuler le foie. D'ailleurs, il entre aujourd'hui dans la composition de nombreux médicaments. Mis à l'épreuve de la science, l'artichaut a révélé la présence de cyranine, une substance qui agit plus particulièrement sur la sécrétion biliaire. En manger ou consommer ses feuilles en infusion ne peut que soulager les troubles hépatiques. Un petit truc : lorsque vous préparez le légume pour le repas, ne jetez pas le jus de cuisson, car il contient encore certains principes actifs et en boire une tasse de temps à autre ne peut faire que du bien à votre foie.

FURONCLES

Le furoncle est l'infection de la base d'un poil par un microbe, le staphylocoque doré. Il peut apparaître dans les zones poilues du corps et sur le visage. Facile à reconnaître, le furoncle se présente comme une petite lésion rouge sous laquelle se forme une poche de pus qui mûrit. Le bouton devient douloureux. Traiter un furoncle consiste donc à le désinfecter à l'aide d'un antiseptique, surtout après évacuation du pus, qui est contagieux. Le meilleur moyen reste l'application de cataplasmes ou de compresses chaudes. Reste à déterminer le genre de la compresse. Un dicton affirme que « les remèdes contre les furoncles se cachent dans le bac à légumes ». Non seulement c'est exact, mais en plus le choix est large.

Ma grand-mère m'a dit...

Cataplasmes d'oignon

Prenez un oignon et faites-le chauffer au four trente-cinq minutes environ. Attendez qu'il soit tiède, coupez-le en deux et appliquez localement. Bandez en serrant un peu et conservez toute la nuit. Si votre furoncle se trouve sur le visage, vous aurez l'air d'une momie, mais ça vaut le coup. Riche en vitamines, sels minéraux, fer, phosphore, potassium, silice, iode et soufre, l'oignon est réputé pour ses vertus anti-infectieuses. Il fait merveille sur les furoncles.

Cataplasmes de poireau

Prenez trois blancs de poireau et six morceaux de sucre. Coupez les poireaux en petits morceaux, couvrez-les d'eau et faites-les cuire avec le sucre jusqu'à obtention d'une pâte. Malaxez bien le tout, appliquez sur le furoncle et recouvrez d'une gaze. À conserver toute la nuit.

Onguent à la fougère

D'abord, brûlez une branche de fougère jusqu'à obtention de cendres. Mélangez celles-ci à de la graisse végétale pour obtenir un onguent que vous appliquerez sur les furoncles. Renouvelez jusqu'à disparition.

Nos grands-mères utilisaient aussi des compresses composées d'une tranche de tomate, d'ail émincé ou de moutarde à l'ail pilé et à l'huile d'olive ; des cataplasmes de feuilles de chou (prendre les feuilles extérieures), ou encore des sachets de thé noir.

Été comme hiver, vos lèvres ne supportent généralement pas les gros changements de température. Résultat : sous l'effet du froid et du chaud elles sèchent et la peau se craquelle. Bonjour la douleur et les baisers brûlants ! Seule solution pour rendre vos lèvres à nouveau douces et souples : les graisser et les réhydrater. Dans le temps, certaines grands-mères appliquaient sur leurs lèvres de la graisse de volaille crue (préalablement ramollie au feu) ou du suif de mouton. Aujourd'hui, les jeunes femmes sortent de leur poche un stick spécialement conçu contre les gerçures. Entre ces deux solutions extrêmes, voici deux recettes dont le naturel devrait vous séduire.

Ma grand-mère m'a dit...

Baume au miel et pétales de rose

Laissez infuser des pétales de rose dans une demi-tasse d'eau bouillante pendant une demi-heure. Filtrez avec une passoire puis laissez refroidir. Ajoutez ensuite deux grosses cuillerées à soupe de miel. Mélangez. Cette préparation, que l'on peut mettre dans une petite boîte et glisser dans son sac pour l'avoir sous la main à tout moment de la journée, nourrit les lèvres en quelques secondes en leur redonnant douceur et souplesse.

Naturellement, comme à la ferme

Avec cette astuce tout droit tirée d'habitudes paysannes, vous ne serez plus jamais pris au dépourvu en cas de gerçures puisque c'est l'huile que produit naturellement votre corps que nous vous proposons d'utiliser. Il suffit donc de faire comme les agriculteurs fauchant les blés en plein soleil. Lorsque leurs lèvres commençaient à se craqueler sous l'effet des rayons solaires, ils se passaient les doigts le long du nez avant d'étaler l'huile recueillie sur les parties sèches et endolories. Essayez, c'est étonnant !

Les fermiers qui élevaient du bétail avaient une autre technique : ils se mettaient sur les lèvres un produit à base de vaseline avec lequel, normalement, ils enduisaient les pis de vache irrités ! On trouve encore cet onguent dans les magasins de produits vétérinaires et dans certaines pharmacies.

GORGE (MAUX DE)

Signes avant-coureurs d'une grippe ou d'un gros rhume, les maux de gorge peuvent aussi annoncer une infection virale ou bactérienne, voire une angine ou une laryngite. Mais au-delà du diagnostic, le mal de gorge au quotidien empêche surtout d'avaler correctement. Et comme, d'après les statistiques, on ne passe pas plus de quinze secondes sans avaler, vous comprendrez qu'il est urgent de traiter rapidement ce douloureux problème.

Ma grand-mère m'a dit...

De la camomille pour calmer le feu

Les maux de gorge bénins dus à des refroidissements interviennent en toute saison. Face à ces petites inflammations, l'utilisation de plantes se révèle très efficace. La camomille fait partie de ces herbes médicinales utilisées depuis toujours et aujourd'hui encore recommandées. Elle peut être utilisée sous forme de bains de bouche ou de gargarismes en cas de légers maux de gorge. De nombreuses préparations contenant un extrait de camomille sont disponibles sur le marché pour traiter ce type d'affection, mais les simples gargarismes de tisane de camomille tiède soulagent efficacement les muqueuses irritées. Il suffit pour cela de faire infuser 1 cuillerée à café de camomille séchée dans une tasse d'eau, de passer et de laisser refroidir. Pour ceux qui souhaitent confectionner leur préparation eux-mêmes, il faut prendre de la camomille romaine ou de la camomille allemande, appelée aussi matricaire. Mais si vous toussez, ces gargarismes deviennent inutiles. Alors, comme au Monopoly, rendez-vous directement au chapitre Toux, p. 195.

Cataplasmes de camomille

Cette fois il ne s'agit plus d'en faire des gargarismes mais de l'appliquer sur la gorge. Pour cela, plongez 1 cuillerée à soupe de fleurs de camomille séchées dans l'équivalent de 2 tasses d'eau bouillante et laissez infuser cinq minutes. Versez cette infusion sur un linge, essorez puis appliquez le tissu directement sur la gorge. Il faut laisser le cataplasme ainsi jusqu'à ce qu'il ait totalement refroidi avant de renouveler l'opération. Dans le même ordre d'idée, on peut confectionner des compresses chaudes à l'huile d'olive et à la lavande.

Thym et sauge : apaisants

La sauge et le thym possèdent eux aussi des vertus contre les maux de gorge. Ces deux plantes, riches en huiles essentielles et en tanins aux propriétés astringentes et antiseptiques, font d'excellents gargarismes. Connue depuis l'Antiquité, la sauge fournit une huile essentielle aux propriétés anti-inflammatoires et antibactériennes très efficaces en cas d'inflammation de la gorge et de la bouche. Sachez que boire 2 ou 3 gouttes d'huile essentielle de sauge dans 10 cl d'eau est plus actif que l'infusion prise en gargarismes. Si toutefois l'infusion a vos faveurs, prenez 1 cuillerée à café de feuilles de sauge pour un demi-litre d'eau bouillante, puis faites deux ou trois gargarismes par jour pendant deux ou trois jours.

Le thym, qui contient du thymol, possède les mêmes caractéristiques antiseptiques et anti-infectieuses que la sauge. L'infusion de thym peut être consommée avec 1 cuillerée à café de miel, et rien ne vous empêche de mâcher quelques feuilles de thym frais pour calmer les douleurs.

Gargarismes au miel et jus de citron

Diluez dans de l'eau chaude une pincée de sel, un jus de citron et 1 cuillerée à café de miel. Faites-en des gargarismes trois fois par jour. Mais vous pouvez vous contenter de prendre un peu de jus de citron dans un grand verre d'eau tiède. Le citron contient de l'acide citrique aux propriétés anti-inflammatoires. Sa forte teneur en vitamine C empêche de son côté la progression des infections. Quant au miel, il est reconnu depuis l'Antiquité comme étant capable de détruire les bactéries. Un bon mélange, donc !

Gargarismes d'eau salée

L'eau salée ? Un remède si simple et tellement efficace ! Mélangez 1 cuillerée à café de sel de table à 50 cl d'eau tiède et pratiquez des gargarismes toutes les heures.

Cataplasmes de gros sel et jus de citron

On vient de le voir, le jus de citron ou l'eau salée font merveille contre les maux de gorge et même contre l'enrouement. Alors pourquoi ne pas mélanger les deux, comme le préconise cette recette ? Prenez une poignée de gros sel gris, imprégnez-la de jus de citron chaud, étendez le sel humide sur une bande de gaze et appliquez directement celle-ci sur la gorge pendant une heure, en la maintenant à l'aide d'un foulard, par exemple.

Ail, ail, ail !

L'ail, vous commencez à le savoir, est l'un des meilleurs antiseptiques et antibiotiques naturels. S'il détruit les bactéries c'est grâce à l'allicine, son principe actif odorant qui se forme sous l'action d'une enzyme. Nombre d'études ont confirmé son effet antibiotique sur plusieurs dizaines de micro-organismes responsables de maladies aussi diverses que le botulisme, la dysenterie, les staphylococcies ou les diarrhées. Le Larousse médical (que l'on ne peut suspecter de fantaisie) affirme que l'ail possède des propriétés vermifuges, antiseptiques, hypotensives et vasodilatatrices. Il n'est donc pas étonnant qu'il soit également très efficace contre le mal de gorge.

Préparez un cocktail de lait (on peut aussi le faire avec de l'eau), d'ail et de miel. Écrasez deux gousses d'ail et faites-les bouillir une minute dans une tasse de lait. Ajoutez 1 cuillerée à café de miel et buvez chaud... en espérant que le goût du miel prendra le dessus sur celui de l'ail. Ceux pour qui l'odeur et le goût de l'ail naturel sont intolérables peuvent se rabattre sur les gélules d'huile d'ail (six fois par jour) vendues en pharmacie et dans les magasins diététiques.

Gargarismes de vinaigre de cidre

Antiseptique et bactéricide, le vinaigre est avant tout un excellent fortifiant, idéal pour permettre une meilleure résistance aux maladies, à la fatigue et aux agressions bactériennes. C'est donc tout naturellement que, parmi ses diverses propriétés médicinales, le vinaigre de cidre soulage les maux de gorge. Mélangez 1 cuillerée à soupe de vinaigre de cidre avec 1 cuillerée à café de miel, diluez le tout et gargarisez-vous.

GOUTTE

La goutte est une affection provoquée par une élévation importante du taux d'acide urique dans le sang. Sorte d'arthrite, la goutte agit au niveau des articulations et plus particulièrement sur le gros orteil, sa cible principale. Elle se manifeste par des crises inflammatoires aiguës, douloureuses, qui peuvent parfois durer des jours.

Les traitements traditionnels de cette pathologie allient régimes alimentaires et prise de médicaments anti-inflammatoires ou destinés à diminuer le taux d'acide urique dans le sang. Fini pour un temps les moules, sardines, sauces ou rognons, trop riches en protéines ou en purine. En revanche, on peut essayer de manger des cerises. Bien qu'il n'existe pas de preuves concrètes, quelques observations tendent à démontrer que consommer entre 50 et 250 g par jour de ce fruit (ou 15 ml de concentré de cerise) atténuerait fortement les douleurs dues aux crises de goutte. Il semble aussi que le charbon activé, dont l'une des caractéristiques est d'attirer les toxines, soit assez efficace contre le mal lorsqu'il est appliqué en cataplasmes. À cet effet, il faut mélanger du charbon activé en poudre à de l'eau chaude afin d'en faire une pâte que l'on applique directement, une nuit entière, sur l'articulation touchée. Un inconvénient tout de même : le charbon tache ! Il paraît également que des bains de pieds d'une heure dans une eau additionnée de charbon activé possèdent quelques vertus antalgiques. Mais on peut prendre le charbon sous forme de gélules (jusqu'à 5 ml) matin, midi et soir, car il a la faculté de diminuer le taux d'acide urique.

Ma grand-mère m'a dit...

Infusion d'artichaut

L'artichaut est un légume aux propriétés diurétiques puissantes et incontestables. En clair, boire des infusions d'artichaut permet d'éliminer l'urée et l'acide urique.

Au bouleau !

Diurétiques, dépuratives et antiseptiques, les feuilles de bouleau nettoient l'organisme en profondeur. Ainsi, cette plante se révèle très efficace contre la goutte mais aussi contre l'hypertension artérielle et les œdèmes. Jetez trente feuilles coupées dans un demi-litre d'eau bouillante, laissez infuser une dizaine de minutes et buvez-en trois tasses par jour, entre les repas.

Cataplasmes d'ail et de pomme de terre

Si dans le temps on affirmait volontiers qu'avaler une gousse d'ail chaque matin à jeun durant tout le déclin de la lune préservait de la goutte, les études ont montré depuis que l'ail possède bien une action diurétique, mais qu'elle ne concerne malheureusement pas l'acide urique. En revanche, l'ail est un formidable antibiotique et antiseptique. De son côté, la pomme de terre contient de l'amidon dont l'action anti-inflammatoire est elle aussi reconnue. Associez donc des gousses d'ail écrasées à une purée de pomme de terre. Appliquez le tout en cataplasme sur l'orteil enflammé ou l'articulation douloureuse, et entourez d'un linge ou d'une bande pour la nuit. Répétez l'opération jusqu'à disparition de la douleur.

LA SCIENCE DIT OUI

La pomme de terre

Riche en vitamines B et C (bonne pour les cheveux et les ongles) et contenant du fluor (bon pour les dents), la pomme de terre est depuis toujours un aliment excellent pour la santé. Diurétique, elle est utilisée pour lutter contre l'obésité et l'hypertension. Très riche en glucides et complétée par du fromage blanc (protéines), un œuf ou du lait elle peut aussi être efficace contre les insuffisances rénales. Sous forme de purée, avec du lait mais sans sel, la pomme de terre agit contre les diarrhées, et boire son jus cru permet d'atténuer aigreurs et lourdeurs d'estomac. Enfin, les cataplasmes de pommes de terre cuites et broyées avec la peau peuvent soulager les maux de ventre, de gorge, et apaiser les douleurs des orteils atteints par la goutte.

Vous n'avez pas cru bon soigner votre petit enrouement survenu la semaine précédente, et vous voilà maintenant avec la grippe ! Un moindre mal lorsque l'on sait que cette gorge irritée aurait pu annoncer une affection plus importante, une angine par exemple.

La grippe, tout le monde connaît depuis longtemps puisqu'elle frappe invariablement à l'automne, en hiver et au printemps. Pourtant, aujourd'hui, il n'existe qu'un traitement curatif : la vaccination antigrippale. Seulement, il faut le faire avant d'attraper la grippe ! Tous les moyens sont donc bons pour tenter d'enrayer la toux (voir Toux, p. 195) et les maux de gorge (voir Gorge, p. 133), pour retrouver un peu du tonus envolé après de fortes fièvres et pour chasser cette maladie infectieuse très contagieuse. En voici quelques-uns, tout droit sortis des armoires à pharmacie de nos mamies.

Ma grand-mère m'a dit…

Des jus vitaminés

La grippe affaiblit l'organisme au point parfois de vous couper totalement l'appétit. Ne vous laissez pas abattre et, faute d'avaler des aliments solides, reprenez des forces en buvant beaucoup de jus de carotte ou de betterave, riches en vitamines et en minéraux.

De l'ail ou de l'oignon

Aliment respiratoire par excellence, antibiotique et antiseptique renommé grâce à l'allicine et l'alliine qu'il contient, l'ail est réputé pour lutter contre la toux, les bronchites et la grippe. Avant chaque repas, prenez deux gousses d'ail, écrasez-les et faites-les bouillir dans l'équivalent d'une tasse de lait. Buvez très chaud.

On peut également préparer des solutions à base d'oignons émincés (même famille que l'ail) et d'eau. Laissez macérer et buvez-en un verre entre les repas. La cure doit au moins durer une semaine.

Sirop au miel et au gin

Voici une recette préparée dans les campagnes canadiennes. Prenez 25 cl de gin, 12,5 cl de miel liquide, 1 cuillerée à thé de gomme de sapin et 1 cuillerée à thé de gomme de pin (vendues en pharmacie). Mettez le tout dans un bocal et brassez. Prenez-en 2 cuillerées à café par jour, pas plus.

Essayez l'alcool !

Si l'on en croit de nombreuses recettes et certaines études scientifiques, l'alcool, consommé chaud, avec modération et associé à divers ingrédients, peut avoir des effets bénéfiques contre la grippe.

On peut préparer avant de dormir un mélange de rhum et d'orange pressée, le tout consommé dans un verre d'eau très chaude. La richesse de l'orange en vitamine C permet d'augmenter les pouvoirs de défense de l'organisme.

Un mélange de rhum et de clous de girofle (ne pas avaler ces derniers !) aura quant à lui un effet anti-infectieux, antalgique et anti-inflammatoire.

Pour ceux qui n'aiment pas le rhum, un vin chaud à la cannelle (de Ceylan, de préférence) aromatisé de quelques zestes de citron fera tout aussi bien l'affaire. Depuis l'Égypte ancienne, la cannelle est reconnue pour ses vertus antiseptiques et le vin de cannelle est recommandé pour remettre sur pied les convalescents.

Infusion de thym

Le thym, toujours grâce au thymol qu'il contient, un puissant bactéricide, est un antiseptique redoutable. Une bonne infusion chaude de thym frais avec un peu de miel ne peut donc que vous faire du bien.

Si vous avez mauvaise haleine, ce n'est pas toujours parce que vous aimez l'ail, l'oignon, le munster ou les anchois. Non, la mauvaise haleine peut aussi cacher des problèmes de gencives ou bien des troubles gastro-intestinaux faisant remonter par la bouche gaz et odeurs. Mais aujourd'hui vous n'avez pas le temps d'aller consulter un spécialiste, une réunion de travail urgente vous attend. Souvenez-vous alors de ce que disait votre grand-mère à votre grand-père lorsqu'il revenait de ses interminables parties de pêche entre copains avec une haleine de trappeur après avoir mangé saucisson à l'ail, fromages bien faits, sandwich au thon, et bu quelques cafés, bières et whiskies.

Ma grand-mère m'a dit...

Mangez du yaourt

La mauvaise haleine est souvent due à la présence de bactéries qui provoquent la putréfaction d'aliments non digérés dans l'estomac. Cette putréfaction dégage des gaz qui remontent par la bouche. Mangez du yaourt ! Son principal composant, le Lactobacillus acidophilus, aide à lutter contre ces bactéries en les détruisant et réduit ainsi les risques de libération de gaz et d'odeurs insupportables pour votre interlocuteur.

Mâchez du persil

Le persil ne sert pas uniquement à décorer les plats. Il rafraîchit aussi l'haleine grâce à la chlorophylle qu'il contient et dont l'une des propriétés est d'absorber les odeurs buccales. Alors ne jetez plus les feuilles de persil, mâchez-les !

LA SCIENCE DIT OUI

Le yaourt

Depuis une dizaine d'années, le yaourt est devenu la star des laboratoires de recherche. C'est qu'il est le seul aliment vivant du marché grâce aux ferments et aux bonnes bactéries qu'il contient, lesquels restent vivants et actifs après ingestion. Les effets du yaourt sur notre santé sont sans cesse confirmés. Résultats : d'après des études aussi bien hollandaises (J. Bol et J.C.J. Huys, 1987), qu'américaines (Dr Saavedra, université John Hopkins, The Lancet, 1994) et françaises (Dr Lemonnier, INSERM, 1986), le yaourt serait bon contre le cholestérol, contre l'intolérance au lactose, contre les diarrhées ou les infections diverses comme la mauvaise haleine (université Davis, Californie, 1991), et même dans certains cas de cancer (Pr Mitsuoka, Japon, Dr Forbach, université de Boston, États-Unis). Attention toutefois à ne pas le pasteuriser ou le congeler, deux pratiques responsables de la destruction de ces fameux ferments si bénéfiques pour notre santé.

Voici une maladie dont ceux qui en souffrent osent à peine parler, jusqu'à ne pas aller consulter le médecin. Et pourtant, nombreux sont ceux dont les veines de la région anale se mettent à enfler. Les hémorroïdes peuvent être internes ou externes. Elles s'expliquent par la formation d'un caillot de sang qui se présente sous la forme d'une tuméfaction arrondie, dure et très douloureuse. Si de nos jours les pommades à base d'hydrocortisone donnent de bons résultats pour soulager les crises, nos anciens, dépourvus de ce remède, avaient dû en trouver d'autres pour soulager l'inconfort causé par cette affection. Et ils en ont inventé un, très efficace et encore utilisé aujourd'hui : le marron d'Inde.

Ma grand-mère m'a dit...

Le marron d'Inde

Selon une croyance populaire, le premier marron ramassé à l'automne protégeait des rhumatismes et des maux de gorge, à condition de le garder en permanence dans sa poche. Là, la science n'avalise pas ! En revanche, le marronnier d'Inde est couramment utilisé pour traiter les personnes souffrant d'insuffisance veineuse chronique et de ses pathologies dérivées comme les hémorroïdes, jambes lourdes, varices, douleurs, enflures, démangeaisons et œdèmes.

Introduit en France au XVIIe siècle, le marronnier d'Inde est depuis longtemps une plante très largement utilisée dans les troubles de la circulation veineuse. En 1565, on faisait déjà état de ses vertus médicinales. De récentes études américaines et allemandes ont confirmé ces caractéristiques et propriétés sur le système circulatoire. Si l'écorce de marronnier contient de nombreuses substances connues pour leur grand pouvoir anti-inflammatoire et leur forte activité sur le système veineux, on utilise aussi les graines (les marrons), les feuilles et les fleurs. Les préparations de marronnier d'Inde vendues dans le commerce (pharmacie et magasins spécialisés) sont généralement proposées sous forme de capsules de 250 mg (1 à 3 capsules par jour, prises séparément). Mais rien n'empêche d'utiliser la plante par voie externe en appliquant infusions et autres préparations directement sur les hémorroïdes. Toutefois l'avis d'un spécialiste est fortement recommandé si vous utilisez les feuilles et l'écorce. En effet, celles-ci contiennent de l'esculine, une substance toxique qui peut être fatale à hautes doses.

Crème de marron

Versez une tasse d'eau bouillante sur 1 ou 2 cuillerées à café de graines ou de feuilles séchées. Laissez infuser de dix à quinze minutes. Appliquez directement cette crème sur les hémorroïdes.

Infusion de marron

Plongez 20 g de marrons d'Inde concassés dans un demi-litre d'eau froide. Faites bouillir pendant une minute et buvez quatre tasses de ce breuvage par jour, à tout moment de la journée.

Un bol de feuilles de vigne rouge

Astringentes, décongestionnantes, toniques veineux, les préparations à base de feuilles de vigne rouge combattent efficacement les œdèmes, les jambes lourdes et les hémorroïdes. Versez 2 cuillerées à soupe de feuilles dans un grand bol d'eau bouillante. Laissez infuser une dizaine de minutes et prenez un demi-bol le matin à jeun.

Vigne rouge et marron d'Inde entre dans la composition de presque tous les phlébotoniques prescrits par les médecins et vendus en pharmacie.

Cataplasmes de tisane de poireau

Faites cuire douze poireaux dans 2 litres d'eau. Filtrez, ne buvez pas, mais appliquez le liquide en compresses sur toute la région anale. Laissez agir une heure et nettoyez en prenant un bain de siège. Le soir, il est recommandé de laver les hémorroïdes avec une eau argileuse légèrement salée (l'argile absorbe les toxines) avant d'appliquer un nouveau cataplasme de tisane de poireau à garder cette fois toute la nuit.

Hypertension

Vous avez régulièrement des maux de tête, des bourdonnements d'oreilles, des vertiges ou des fourmillements dans les membres : il y a toutes les chances que vous fassiez de l'hypertension. Pour le savoir, il n'y a qu'une solution : passer un test médical. La tension artérielle est la force exercée par le sang sur la paroi des artères qui lui permettent de circuler dans tout le corps. Elle est mesurée par deux chiffres : la pression systolique (le chiffre le plus élevé) lorsque le cœur se contracte pour envoyer le sang, et la pression diastolique (chiffre le plus bas) lorsque le cœur est au repos entre deux battements. Elle varie selon les individus et les moments de la journée : en moyenne de 12 à 15 pour le premier chiffre et de 7 à 9 pour le second, la pression normale étant d'environ 12/8. Si elle est supérieure à 16/9, on parle d'hypertension. Maladie insidieuse, dangereuse, l'hypertension artérielle touche 20 à 30 % de la population des pays industrialisés pour s'élever à 50 % chez les personnes âgées de plus de soixante ans. Mais la majorité ne souffre que d'hypertension dite légère, c'est-à-dire entre 9 et 10 pour la pression diastolique.

Afin de traiter l'hypertension légère, de plus en plus de médecins insistent pour appliquer des traitements non médicamenteux (des bêtabloquants le plus souvent). D'où la résurgence de remèdes de grands-mères éprouvés, et maintenant approuvés par la science, au premier rang desquels figure l'utilisation sans modération de l'ail... et de la chambre à part !

Si les causes d'hypertension peuvent être multiples et restent souvent inconnues, cette affection est souvent la conséquence d'une alimentation inadaptée.

Déjà utilisé depuis des siècles comme antiseptique, l'ail possède des propriétés antibactériennes, antifongiques (contre les mycoses), hypocholestérolémiantes (contre le cholestérol), mais aussi fibrinolytiques et anti-agrégantes plaquettaires, ce qui diminue le risque d'accidents cardio-vasculaires. Ainsi, l'ail protège le cœur et les vaisseaux, stimule les muscles cardiaques et fluidifie le sang. Ses composés tels les substances soufrées, l'iode et la silice, ainsi qu'une substance hypotensive, la prostaglandine PGA 1, ont pour effet de faire baisser la pression sanguine. Et vous n'avez pas besoin de vous torturer en avalant des gousses d'ail crues à chaque repas : l'ail peut être utilisé sous différentes formes (extraits, huiles, dragées, etc.) disponibles en pharmacie.

Certaines études ont également mis en évidence l'action des feuilles de cassis déjà utilisées par la médecine populaire pour leurs propriétés hypotensives. Des tests sur des animaux confirment cette indication. Les tanins que contient le cassis favorisent une bonne fluidité du sang. Enfin, le gui est également préconisé pour le traitement de l'hypertension et quelques préparations ont été commercialisées. Mais attention, il ne faut en aucun cas banaliser l'hypertension, maladie dangereuse, et l'avis d'un médecin reste hautement recommandé avant toute prise de remèdes médicamenteux ou non.

Ma grand-mère m'a dit...

Ail à tous les repas !

L'ail frais, à raison de 4 g par jour environ, donne de très bons résultats, mais l'ail lyophilisé permet toutefois de réduire la mauvaise haleine...

Les recettes à l'ail sont innombrables, mais plus elles contiennent d'ail et meilleur c'est, à l'instar de cette macération tonique : pendant dix jours, laissez macérer 40 g d'ail coupé en morceaux dans 200 g d'alcool à 60°. Remuez chaque jour, passez en pressant, filtrez et prenez avec un peu d'eau une fois par jour avant les repas, pendant un mois. Un mois pendant lequel votre compagne ou compagnon n'aura aucune crainte de vous voir embrasser de nouvelles conquêtes ! Une autre recette préconise de laisser macérer dix gousses d'ail dans 50 cl de vin blanc pendant neuf jours et d'en boire un verre à liqueur le matin, à jeun. Là, c'est le petit déjeuner qui risque de ne pas passer. Mais il est reconnu que l'alcool, et particulièrement le vin, pris à faible dose, est excellent pour prévenir les maladies cardio-vasculaires... et qu'il vaut mieux en boire un verre ou deux par jour que pas du tout.

Du maquereau !

D'après les résultats d'études menées par des chercheurs du Central Institute for Cardio-Vascular Research, les hypertendus légers qui consommeraient du maquereau en quantité chaque jour ont vu diminuer considérablement leur tension artérielle. Ce qui n'est pas étonnant, le maquereau faisant partie des poissons gras riches en acides gras oméga-3, recommandés dans les régimes visant à lutter contre le cholestérol, les infarctus et les accidents cardio-vasculaires. Tous les poissons gras de ce type permettent d'ailleurs de fluidifier le sang et possèdent des effets considérés comme hypotenseurs (voir Cholestérol, p. 62).

Infusion de feuilles d'olivier

L'huile d'olive et les substances contenues dans les feuilles d'olivier sont aujourd'hui mondialement reconnues pour leurs vertus contre les risques d'accidents cardio-vasculaires. Pour les hypertendus, nous vous conseillons donc des infusions de feuilles fraîches d'olivier. Faites bouillir pendant cinq minutes une vingtaine de feuilles d'olivier fraîches ou 10 g de feuilles séchées dans 1 litre d'eau. Laissez infuser dix minutes. Passez. Sucrez. Buvez chaud, matin et soir, pendant quinze jours. La tension redeviendra normale.

De l'avoine et des haricots

Selon un professeur en médecine et nutrition clinique à l'université américaine du Kentucky, la consommation d'aliments riches en fibres permettrait de diminuer de 10 % la tension artérielle. Parmi les aliments recommandés par cet Américain, l'avoine et les haricots secs figurent en tête de liste.

Impossible d'aller aux toilettes sans que chaque goutte d'urine évacuée provoque une douleur atroce ? Vous avez une infection urinaire. Maladie surtout féminine, l'infection urinaire, causée par des bactéries baptisées *Escherichia coli,* est très courante. Ces bactéries infectent l'urine, qui irrite alors la vessie. Des médicaments allopathiques luttent contre cette infection, mais il est facile de comprendre qu'en outre il faut boire beaucoup pour aider à évacuer la vessie, et les bactéries du même coup. Nos grands-mères avaient leur idée là-dessus.

Ma grand-mère m'a dit…

Du jus de canneberge

La canneberge est un arbrisseau des tourbières des régions froides, à baies comestibles. Ces baies rouges au goût acidulé sont aussi appelées airelles canneberges. Et l'on recommandait jadis d'en boire en abondance pour prévenir et guérir les infections urinaires. De nos jours, le Dr Mari-Kim Bunnell, une gynécologue du Brigham and Woman's Hospital de Boston, affirme que même si tous les liquides (sans alcool) font l'affaire, le jus de canneberge est plus efficace que les autres, parce qu'il est l'un des rares à empêcher les bactéries de se fixer aux parois du conduit urinaire. Et si l'on utilise ces fruits pour lutter contre les infections urinaires, c'est que le jus de canneberge contient de l'acide hippurique et de la vitamine C (plus de 100 mg pour 235 ml), deux substances ayant des pouvoirs anti-infectieux. Le journal de l'Association médicale américaine recommande aux personnes sujettes à ce type d'infection de consommer plus de 250 ml de jus de canneberge par jour. Pour d'autres praticiens, ce sont des litres par jour qu'il faudrait consommer pour que ce jus ait un effet sur l'infection. De toute façon, quitte à boire beaucoup de liquide, pourquoi ne pas privilégier cette cure ?

Si vous voulez dépenser des fortunes en produits sophistiqués (et quoi qu'on dise, efficaces !), reportez-vous aux magazines féminins : ils regorgent de suggestions dans leur rubrique beauté. Si vous souhaitez plus de naturel, et à moindre prix, consultez, comme nous l'avons fait, les livres de recettes des vieilles armoires familiales.

Ma grand-mère m'a dit...

Pour des mains douces

Voici une recette économique et facile à réaliser. Mélangez 2 cuillerées à café de miel, une de jus de citron, une d'huile d'olive et un jaune d'œuf. Enduisez-en vos mains pendant une demi-heure. Vous pouvez aussi garder cette crème toute la nuit, mais alors il faut enfiler des gants en coton pour ne pas vous retrouver le lendemain matin avec des draps et des taies d'oreiller complètement tachés.

Contre les mains gercées

Huile d'olive

Friction avec de l'huile d'olive verte à l'essence de citron : mélangez quelques gouttes d'huile de citron et de glycérine (vendue en pharmacie). Faites pénétrer ce mélange sur les mains abîmées à l'heure du coucher et gardez toute la nuit sous des gants de coton.

Avoine

Massage à l'avoine : broyez 25 cl de flocons d'avoine crus jusqu'à obtention d'une fine poudre. Frottez-vous les mains avec en enlevant délicatement les peaux abîmées. Rincez à l'eau fraîche et appliquez une crème hydratante.

LA SCIENCE DIT OUI

L'avoine

Plante graminée largement répandue, l'avoine possède une composition intéressante : de nombreux sels minéraux et oligoéléments, de l'acide linoléique (acide gras essentiel), des protéines, des enzymes ainsi qu'une quantité appréciable de vitamines, en particulier B et E, et du sélénium. Tout pour jouer un rôle non négligeable dans la protection de la peau. Ce que confirment de nombreuses études. L'avoine fait donc partie de ces petits ingrédients dont l'utilisation régulière peut vous changer non pas la vie, mais la peau ! Présent dans l'avoine à des doses non négligeables, le sélénium agit par ailleurs dans le traitement de certaines pathologies dermatologiques telles que dermatites et acné. L'avoine permet enfin de renforcer la résistance de la peau contre les agressions extérieures. Pourquoi s'en priver ? D'ailleurs, toute une ligne de produits de beauté au lait d'avoine est commercialisée en pharmacie.

Contre les ongles cassants

Huile d'olive

Plongez pendant une minute vos ongles dans de l'huile d'olive verte chaude mélangée à des feuilles d'olivier et enrichie à l'essence de citron, puis massez-les bien. Vous pouvez renouveler dix fois l'opération.

Citron

Bains de jus de citron : chaque jour, matin et soir, plongez vos doigts pendant une quinzaine de minutes dans un bain au jus de citron. Répétez l'opération jusqu'à ce que vos ongles retrouvent leur vigueur et leur éclat, soit une quinzaine de jours plus tard environ.

Ils vont de la simple céphalée à la terrible migraine, qui affecte un seul côté de la tête et provoque des douleurs parfois longues et insoutenables, en passant par les « migraines ophtalmiques » qui vous troublent la vue. Dans tous les cas, il faut aller consulter pour établir le diagnostic.

La plupart du temps, la douleur associée à la céphalée se déclare lorsque des vaisseaux sanguins, des nerfs ou des muscles se tendent. Le sang ne circule plus normalement. Inutile, comme le préconisaient jadis certains rustres, « d'appliquer sur le front une casserole en cuivre ». Si aujourd'hui l'aspirine fait figure de remède miracle (deux cachets au maximum, au-delà cela aggrave le mal), de nombreux subterfuges qui tiennent autant de la science que du système D ont été développés pour combattre la douleur.

Ma grand-mère m'a dit...

Cataplasmes de pomme de terre ou de citron

Si en la matière rien n'est encore scientifiquement prouvé, il semblerait que la pomme de terre possède des vertus légèrement anti-inflammatoires, et surtout capables d'atténuer les spasmes vasculaires. C'est ainsi que certaines grands-mères n'hésitaient pas à confectionner des cataplasmes de tranches de pommes de terre crues appliquées directement sur les tempes jusqu'à disparition de la douleur. Pas très pratique si la migraine se déclare en pleine journée, au bureau ! Mais le soir, allongé, cela peut se révéler efficace.

On peut aussi remplacer les tranches de pommes de terre par des rondelles de citron ou par des cataplasmes de vinaigre. Le citron et le vinaigre renferment un acide qui favoriserait une meilleure circulation sanguine. Pour les cataplasmes de citron, coupez un fruit en deux et maintenez chaque moitié sur les tempes une quinzaine de minutes.

Les mains dans l'eau chaude

Vous avez mal à la tête ? Plongez les mains dans de l'eau très chaude ! En effet, l'eau chaude entraîne une dilatation des vaisseaux sanguins des mains, et cette dilatation favorise une meilleure circulation sanguine dans l'ensemble du système veineux. Pour cela il faut plonger les mains jusqu'aux poignets une bonne demi-heure. Au-delà de cette explication mécanique, en voici une autre purement psychologique. Tout le monde sait qu'un bon bain chaud annonce, psychologiquement, une détente garantie. Cela vaut pour les maux de tête. Le contact des mains avec de l'eau chaude envoie immédiatement au cerveau des signaux de relaxation. Nerfs, muscles et vaisseaux se détendent et la douleur s'atténue.

Les pieds dans l'eau glacée

Si vous n'appréciez pas l'eau très chaude, plongez les pieds quelques minutes dans de l'eau glacée avant de vous coucher. Dès que vous aurez sorti les pieds de l'eau, un « appel » de sang se fera dans leur direction, décongestionnant le haut du corps.

Infusion d'aubépine

Hypotensive, vasodilatatrice, sédative, l'aubépine agit efficacement sur le système cardio-vasculaire. Cette plante permet ainsi de réguler la pression sanguine, de dilater les artères et même de calmer la nervosité. Pour une infusion, plongez 10 g de fleurs d'aubépine dans 1 litre d'eau et laissez infuser un quart d'heure. Buvez-en une tasse deux ou trois fois par jour.

Cataplasmes d'oignon

L'oignon, comme les autres légumes de sa famille (ail et échalote), outre ses composants nutritionnels, renferme des substances soufrées et des dérivés de l'alliine. La consommation d'oignon, cru de préférence, permet ainsi de protéger le cœur et les artères, de fluidifier le sang, de lutter contre la formation de caillots, et par conséquent de favoriser la prévention des maladies cardio-vasculaires grâce à son pouvoir anticoagulant. Il n'est donc pas étonnant de retrouver des recettes à l'oignon pour lutter contre la migraine. L'une d'elles propose non pas d'en ingurgiter des kilos mais de s'en faire des cataplasmes. Faites ramollir deux oignons dans de l'eau bouillante. Laissez tiédir puis posez quelques couches de pelures que vous maintiendrez avec une bande de gaze sur votre front. Couvrez et laissez agir toute une nuit.

Masque à l'argile

Idéal pour soulager les migraines ophtalmiques ! Mélangez de l'argile en poudre avec de l'eau jusqu'à obtenir une pâte onctueuse que vous étalerez en couche épaisse sur votre visage (pas seulement sur le front mais aussi sur les joues). Gardez-le au moins trois quarts d'heure. Si vous avez la peau sèche, avant le masque, passez un peu d'huile d'olive sur votre visage.

La science dit oui

L'oignon

D'après une enquête réalisée en Chine par le *Journal of the American Cancer Institute,* les gros consommateurs d'ail et d'oignon ont 60 % moins de risques de développer un cancer de l'estomac que ceux qui n'en mangent jamais. Seul « hic » de taille, l'étude chinoise n'a montré de résultats probants qu'avec des personnes qui en ingurgitaient 500 g par semaine, ce qui représente des rations énormes. Il faut vraiment aimer ! Cela dit, le principe actif étant démontré, manger de l'ail ou de l'oignon en quantité plus raisonnable ne peut faire que du bien.

Pour avoir de la mémoire, il faut non seulement l'entretenir par ce que l'on appelle vulgairement la « gymnastique du cerveau », mais aussi, et surtout, veiller au bon fonctionnement de ce cerveau. Pour cela, la meilleure des solutions demeure une alimentation capable d'apporter assez de vitamines B et C, de minéraux et d'oligoéléments afin de produire les substances chimiques qui permettront à votre matière grise d'être réellement performante.

Ma grand-mère m'a dit...

Pour une mémoire sans failles : le ginkgo biloba

Plutôt que de dresser une liste de régimes « bons pour le cerveau » tout plus difficiles à suivre les uns que les autres – et ce n'est pas l'objectif de ce livre –, nous allons évoquer un ingrédient qui figure depuis près de trois mille ans dans toutes les recettes des grands-mères... d'Extrême-Orient : le ginkgo biloba. La feuille et le fruit de cet arbre sont depuis toujours recommandés par la pharmacopée asiatique pour traiter des affections aussi variées que les maladies pulmonaires et cardio-vasculaires ou les engelures, ou encore pour lutter contre le vieillissement. Et les anciens n'avaient pas tort car cet arbre fossile vieux de deux cents millions d'années, qui a traversé toutes les périodes climatiques et résisté à la bombe nucléaire d'Hiroshima, nous révèle aujourd'hui, grâce à de nombreuses recherches, des vertus médicinales étonnantes concernant ses possibilités d'améliorer la circulation sanguine au niveau du cerveau.

Le ginkgo contient des substances particulières qui n'ont été décelées jusqu'ici dans aucune autre plante : les ginkgolides. Des résultats encourageants sur la lutte contre le vieillissement commencent à sortir des études scientifiques, mais l'indication principale des extraits de ginkgo est pour le moment l'insuffisance circulatoire cérébrale dont les symptômes frappent surtout les personnes âgées : troubles de la mémoire, difficultés de concentration et de mémorisation, baisse des facultés intellectuelles. Les plus grands consommateurs de ginkgo – sous forme de dragées, capsules, comprimés et gouttes – sont donc les personnes âgées, mais aussi les jeunes, collégiens et étudiants, en période d'examens.

Seul problème aujourd'hui pour les laboratoires : personne n'a encore trouvé le moyen de reproduire artificiellement ces molécules aux vertus étonnantes. Nous sommes donc obligés de consommer du ginkgo naturel, en espérant que la mode qui s'est emparée de cet arbre ne le condamnera pas à disparaître.

Nausées

Sensations désagréables allant la plupart du temps jusqu'aux vomissements, les nausées peuvent être provoquées par des médicaments (les anticancéreux notamment), par une mauvaise digestion, par la grossesse (les fameuses nausées matinales), ou par un déplacement mouvementé en voiture ou en avion (le fameux mal des transports). La nausée peut également avoir des origines telles que les mauvaises odeurs, la nervosité ou le trac et le vertige. Les nausées peuvent enfin annoncer des affections graves comme des intoxications, les méningites et les appendicites. Attention donc : allez consulter votre médecin. Et s'il ne s'agit pas d'une pathologie grave, aidez-vous des remèdes d'antan.

Ma grand-mère m'a dit...

Précieux gingembre

Cette épice célèbre est connue depuis l'Antiquité. On l'utilisait pour améliorer la digestion et comme aphrodisiaque, ainsi que comme antidote lors de certains empoisonnements. Et les marins, au XVIIe siècle, s'en servaient contre le mal de mer. Selon les différents tests cliniques effectués, il est aujourd'hui établi que 2 g de poudre de gingembre constituent un puissant antivomitif. De récentes études scientifiques l'ont démontré : la poudre de racine de gingembre permet de lutter efficacement contre les nausées, qu'elles soient liées au mal des transports ou à la grossesse. D'après ces études, le gingembre absorbe les sucs gastriques, bloquant ainsi tout début de nausée dans le système gastro-intestinal.

La racine contient en effet des substances particulières très actives appelées gingérols. Vendu en pharmacie sous forme de gélules, le gingembre entre également dans la composition de gâteaux et de boissons (pour des nausées légères) ou peut être consommé frais, râpé. Mais dans ce cas, attention : il faudrait en consommer en grande quantité pour obtenir les mêmes effets qu'avec les gélules, qui présentent l'avantage d'être déjà bien dosées.

À noter qu'en outre cette plante herbacée originaire de l'Inde posséderait d'innombrables vertus : stimulant de la circulation sanguine, antiseptique, aphrodisiaque, analgésique, relaxant, réchauffant, antispasmodique et expectorant... Alors ne négligez pas les recettes culinaires au gingembre !

De la menthe

Antispasmodique, la menthe entre dans la composition de nombreux traitements des troubles digestifs. C'est d'ailleurs sa principale utilisation médicale scientifiquement approuvée. Contre les nausées, faites une tisane de feuilles de menthe que vous laisserez infuser une dizaine de minutes. Buvez-en régulièrement pendant au moins une journée. Une infusion de menthe poivrée ou associant cannelle, menthe et clous de girofle à parts égales est aussi efficace.

Olives et jus de citron

D'après certains spécialistes, le déclenchement du mal des transports serait dû à l'excès de salive qui coule dans l'estomac. Or les olives et le citron assèchent la bouche. Le jus d'une rondelle de citron dans de l'eau chaude est paraît-il radical. C'est pourquoi il est conseillé d'en emporter avec vous lors de longs voyages en voiture, en bateau ou en avion.

Buvez du vinaigre

Lui aussi reconnu pour ses vertus digestives, le vinaigre est fortement conseillé en cas de nausées, qu'elles soient dues à la grossesse ou aux transports. Absorber 1 ou 2 cuillerées à soupe de vinaigre de cidre dans un verre d'eau, deux fois par jour, le matin et pendant le déjeuner de préférence, devrait soulager les nausées et arrêter les vomissements.

Biscottes et bicarbonate de soude

Tout ce qui est bon pour la digestion est bon contre les nausées, à commencer par le bicarbonate de soude, ingrédient miracle. Quant aux biscottes, elles aideraient à absorber les excès de fluides (salive) dans l'estomac. Nous vous conseillons quand même le gingembre ou la solution médicamenteuse si rien ne marche.

Voici un chapitre de remèdes de grands-mères par excellence ! Bien avant que les laboratoires cosmétologiques s'en emparent, elles ont donc tout essayé et découvert – génération après génération – d'étonnants ingrédients de beauté... qui pour la plupart sont maintenant sélectionnés, purifiés, mis en extraits et testés par les grandes marques de produits de beauté.

Ma grand-mère m'a dit...

Des concombres

Le concombre est reconnu depuis longtemps pour ses propriétés bénéfiques sur la peau. Préparez donc une bouillie de concombre. Plongez le légume en morceaux dans 50 cl d'eau et faites bouillir le tout quelques minutes. Laissez refroidir, filtrez et versez le liquide dans une bouteille. Il n'y a plus qu'à appliquer chaque matin le produit sur la peau pour qu'elle conserve éclat et douceur. Avantage de la recette : elle est économique et se conserve dix à douze jours au réfrigérateur.

Le concombre est également utilisé pour atténuer les rougeurs diffuses. Mélangez le jus d'une pastèque au jus d'un concombre. Appliquez sur la peau la lotion obtenue, matin et soir, à l'aide d'un coton. Les rougeurs de la peau s'atténueront.

Le jus de carotte

La carotte possède d'innombrables vertus grâce au désormais célèbre bêta-carotène (ou provitamine A), piégeur de radicaux libres en excès (voir encadré p. 168). Ce bêta-carotène, en passant dans notre foie, se transforme en vitamine A, qui intervient alors à différents niveaux : dans la croissance, la fixation des minéraux, l'acuité visuelle, la résistance aux infections, la régénération des globules rouges, et bien sûr l'entretien des tissus, de la peau et des muqueuses en particulier.

Ainsi, par son action contre les radicaux libres en excès, et particulièrement contre les ultraviolets générés par les rayons du soleil, la carotte prévient la sénescence de la peau et lui donne un teint légèrement hâlé. Pour cette raison, sa consommation est largement conseillée en période d'exposition solaire.

Appliqué sur la peau, le jus de carotte présente un intérêt embellissant que peuvent lui envier bien des produits cosmétiques. Lotion survitaminée, il trouve une application efficace dans la prévention du vieillissement de la peau et des rides. Pour un masque de beauté antirides, râpez des carottes et appliquez-les directement sur votre visage. Laissez reposer quinze minutes puis rincez à l'eau claire.

En usage interne, le jus de carotte doit être consommé de préférence le matin, à jeun, à distance des repas. Veuillez bien sûr à ce que les carottes soient fraîches et n'hésitez pas à les acheter dans des magasins bio.

Pour ceux qui n'auraient pas le courage de laver, d'éplucher et de mixer les légumes chaque matin, il existe en pharmacie de nombreuses préparations à base de bêta-carotène.

Les bains d'argile

Les vertus reminéralisantes et cicatrisantes de l'argile en font un produit idéal pour tout ce qui concerne la peau, son nettoyage et sa régénération. Sans oublier sa

La science dit oui

Les radicaux libres

L'intérêt pour les radicaux libres est assez récent puisqu'ils n'ont été mis en évidence qu'en 1931 et sérieusement étudiés qu'à partir de 1969. Les radicaux libres sont des constituants chimiques hautement réactionnels. Ils sont indispensables à de nombreux mécanismes de la vie. En revanche, ils peuvent devenir trop nombreux quand ils se multiplient sous l'influence de la pollution, du tabac, du soleil, du vieillissement. Ils deviennent alors très toxiques, notamment pour la membrane cellulaire. Pour éviter cette « rouille » cellulaire, notre organisme doit développer des piégeurs de radicaux libres. Ces systèmes de défense peuvent être mis en place grâce aux antiradicalaires – on dit aussi antioxydants – que sont les oligoéléments (zinc, sélénium...), les vitamines E et C, les flavonoïdes et les caroténoïdes, qui limitent les effets des radicaux libres. Cet apport extérieur d'oligoéléments ou d'antioxydants semble indispensable pour réguler leur taux. C'est pourquoi une vaste étude européenne, Euramic, réalisée dans neuf pays sur mille quatre cent dix personnes de trente-cinq à soixante-dix ans et publiée dans *The Lancet,* préconise une consommation élevée de bêta-carotène (à travers les carottes et les tomates notamment) pour réduire les risques d'infarctus, surtout chez les fumeurs. Ces substances antiradicalaires sont aussi largement utilisées dans les produits de beauté.

richesse en sels minéraux et en oligoéléments, eux aussi bénéfiques. Ainsi, on utilise l'argile (jaune ou verte) en shampooings (revitalisants et antiparasitaires) ou en savonnettes pour les peaux sèches (argile jaune) ou grasses (argile verte de préférence). Un bain d'eau argileuse adoucit la peau, élimine les rougeurs et calme les irritations. Ce type de bain offre l'avantage supplémentaire d'être relaxant.

Peaux sèches

De l'huile d'olive et de l'avoine

Pas question ici de boire de l'huile d'olive. Il s'agit plutôt de s'enduire le corps d'huile d'olive verte dans laquelle vous aurez au préalable laissé macérer des feuilles d'olivier et de la purée d'olive verte. Après ce massage en règle, prenez un bain chaud (36 °C), savonnez-vous et rincez-vous à l'eau claire.

Sachez en outre que d'autres huiles végétales (tournesol, arachide) feront l'affaire pour combattre le dessèchement. En effet, toutes représentent des lubrifiants purs et efficaces. Il faut simplement accepter cette sensation d'avoir le corps gras.

Une autre recette préconise un bain d'avoine en poudre (avec ou sans huile d'olive). Certains pensent que l'homme a découvert les propriétés adoucissantes de l'avoine il y a près de quatre mille ans. Dans un bain, l'avoine agit comme un adoucissant. Versez 5 g de farine d'avoine colloïdale (en poudre) dans un bain tiède et frottez tout le corps avec les substances qui restent en suspension dans l'eau.

Un massage salé

Si vous trouvez que la peau de vos jambes, de vos coudes ou de vos genoux est un peu rugueuse, frottez-la avec un mélange à parts égales de sel fin et d'huile d'olive ou d'amande douce. Massez légèrement afin de ne pas provoquer d'irritation et rincez à l'eau fraîche ou tiède.

Pour les coudes

Coupez un citron en deux et servez-vous-en pour vous frotter les coudes. Le jus de citron adoucit et blanchit la peau. Il a également pour effet de resserrer les pores.

Peaux fragiles

Lotion au miel et à l'amande

Faites macérer pendant une heure de la poudre d'amande dans 1 litre d'eau (de source de préférence). Filtrez, ajoutez 50 g de miel liquide et mélangez le tout. Versez la lotion dans une bouteille qui se ferme hermétiquement. Tous les jours, matin et soir, à l'aide d'un disque de coton, appliquez cette lotion sur votre peau. Ce produit peut se conserver au frais quelques jours dans le réfrigérateur.

Paupières gonflées et poches sous les yeux

Des compresses de concombre ou de thé

Vos paupières sont fatiguées, elles tombent ou sont gonflées ? Appliquez une tranche de concombre sur chacune d'elles pendant une demi-heure environ. Elles se dégonfleront sous l'effet de l'élatérine, une substance contenue dans ce légume et dont l'action principale consiste à dégonfler les tissus enflammés. Il paraît que des compresses de pulpe de pomme agissent tout aussi efficacement, la pomme ayant la propriété de raffermir et de faire dégonfler la peau.

Pour atténuer les poches sous les yeux, prenez deux sachets de thé. Placez-les dans le compartiment à glace du frigo et attendez qu'ils soient bien frais. Appliquez-les ensuite sur vos yeux pendant une dizaine de minutes. Le froid atténuera la microcirculation tandis que le thé calmera l'inflammation, le tout apaisant le contour des yeux.

Rééquilibrer les peaux mixtes

Cataplasmes de pomme au lait

Vous n'avez pas de chance : votre peau n'est ni grasse ni sèche, elle est sèche et grasse. Ce phénomène est baptisé peaux mixtes. Et, pour traiter les problèmes liés à ce type de peau, notamment en vue d'un rééquilibrage entre les deux, voici une recette normande. Épluchez une pomme, coupez-la en morceaux et faites-la cuire dans l'équivalent d'un grand verre de lait entier. Hors du feu, retirez la pomme du lait, écrasez les morceaux de pomme tout en réincorporant petit à petit le lait chaud. Pendant la manœuvre, ajoutez 1 cuillerée à soupe de farine et une autre d'huile d'olive. Lorsque la préparation est bien homogène, appliquez-la encore tiède sur la peau (y compris celle du cou). Laissez agir une vingtaine de minutes avant de rincer à l'eau minérale. Ce cataplasme nourrit en douceur les zones sèches sans graisser les parties plus grasses.

Horrible, de « sentir des pieds » ! Et les laver régulièrement ne suffit pas toujours à supprimer leur sudation nauséabonde. Certaines de nos grands-mères ne supportaient apparemment pas, si soumises fussent-elles à l'autorité de leur époux. Elles ont donc trouvé des astuces.

Ma grand-mère m'a dit...

Bains de pieds au thé

Très riche en tanins, le thé fait partie de ce que l'on appelle les « agents asséchants ». Il contribue à ralentir la transpiration, cause principale des mauvaises odeurs des pieds. Un bon bain de pieds au thé est donc recommandé. Il suffit pour cela de deux ou trois sachets de thé pour 4 litres d'eau. Faites bouillir dix minutes, laissez refroidir et trempez les pieds une petite demi-heure avant de les sécher. Pour ceux dont le problème est important, deux bains de pieds par jour ne seront pas de trop.

Bains de pieds au thym

Antiseptique reconnu depuis les temps les plus reculés grâce au thymol qu'il contient, le thym peut aujourd'hui être utilisé pour lutter contre les mauvaises odeurs des pieds. Comme pour le thé, il s'agit ici d'en faire une décoction avant de s'y tremper les pieds pendant une trentaine de minutes. Pour le dosage, prenez 2 cuillerées à café de thym pour un demi-litre d'eau. Faites bouillir dix minutes, et trempez-y les pieds une demi-heure. Répétez l'opération chaque jour jusqu'à atténuation des odeurs.

Bains de pieds au bicarbonate de soude ou au vinaigre

Le bicarbonate de soude et le vinaigre ont la particularité de rendre la peau des pieds plus acide, réduisant ainsi les odeurs et la transpiration. Prendre des bains de pieds en associant l'un de ces éléments (2 cl) à 1 litre d'eau deux fois par semaine peut se révéler assez efficace.

Semelles aux feuilles de sauge

La sauge est un antiseptique aromatique reconnu qui possède aussi des propriétés desséchantes. D'après une vieille recette, placer des feuilles de sauge dans ses chaussures permettrait de réguler la transpiration des pieds et d'éliminer les odeurs. On peut également prendre un bain de pieds aux feuilles de sauge pendant une vingtaine de minutes avant de se rincer à l'eau fraîche.

Bains de pieds aux feuilles de noyer

Une recette enfin pour soulager les pieds fatigués par une longue journée de marche : faites bouillir des feuilles de noyer dans un demi-litre d'eau. Laissez infuser un quart d'heure environ. Filtrez puis ajoutez à cette préparation de l'eau froide. Versez le tout dans une bassine et ajoutez une poignée de gros sel. Prenez alors un bain de pieds jusqu'aux chevilles pendant une dizaine de minutes. Séchez-vous les pieds puis massez-les avec du jus de citron. Résultat : les pieds dégonflent, le jus de citron adoucit l'épiderme enflammé.

Piqûres d'insectes

Ah, les sales bêtes ! Un moment d'inattention et vous voilà avec un beau bouton rouge et très douloureux provoquant des démangeaisons à rendre parfois complètement fou ! Vous venez de vous faire piquer par un moustique, une guêpe, une abeille ou un autre insecte volant non identifié très attiré par le goût (et l'acidité) de votre peau. Rien de bien grave, quoique dans certains cas (piqûre de guêpe à la gorge ou piqûres en grand nombre accompagnées de réactions allergiques), mieux vaut filer directement aux urgences de l'hôpital le plus proche.

Pour les piqûres moins dangereuses, l'enflure, la douleur et les démangeaisons que provoque l'injection de venin méritent un traitement d'urgence. Et nos grands-mères avaient toujours un remède simple et efficace sous la main. Elles n'ont pas attendu que les rats de laboratoire confirment les bienfaits de leurs lotions, cataplasmes, frictions, compresses et autres mixtures bizarres dont nous ne détaillerons pas tous les mécanismes de fonctionnement tant ils sont nombreux et souvent originaux. L'important, c'est que ça marche. Une seule condition avant de vous livrer à ces remèdes : en cas de piqûre d'abeille ou de guêpe, enlevez le dard !

La littérature médicale populaire regorge de remèdes ancestraux contre les piqûres. Voici un recueil non exhaustif des différentes compresses miracles et autres cataplasmes ou frictions utilisées par nos mamies d'antan. Des remèdes, pour la majorité, encore valables aujourd'hui.

Ma grand-mère m'a dit...

Compresses

- De lait froid ou chaud « pour ôter le poison » ;
- d'eau salée et de moutarde sèche ;
- d'eau de Javel ;
- de bicarbonate de soude additionné d'eau (la compresse soulage la douleur et diminue l'inflammation) ;
- d'eau et de vinaigre ;
- de vinaigre de cidre chaud ;
- de jus de citron ;
- de thé froid.

Cataplasmes

- De cendre de pipe mélangée à du soda ou du sel ;
- de lard salé ;
- de persil haché ou écrasé et de cerfeuil, de bons ingrédients contre les piqûres d'insectes (on peut aussi utiliser des feuilles de menthe que nous vous recommandons de mâcher un peu avant application, ainsi que des feuilles froissées de cassis dont le pouvoir cicatrisant est reconnu) ;
- de beurre salé ;
- de framboises crues ;
- de tabac à chiquer préalablement mâché ;
- de mie de pain, lait et saindoux ;
- de pommes de terre râpées (appliquer toute une nuit) ;
- de feuilles de chou ramollies ;
- de boue ou d'argile (mélangez un peu de sols argileux et un peu d'eau pour faire une pâte. Appliquez directement sur la piqûre et recouvrez d'un mouchoir ou d'un bandage. Laissez sécher) ;

– de charbon activé : une pâte de charbon activé permet d'attirer immédiatement le venin hors de la piqûre et de prévenir ainsi l'enflure et la douleur. Mieux vaut utiliser des gélules de charbon que vous ouvrirez pour recueillir la poudre qu'elles contiennent. Faites-en une pâte en la mélangeant avec un peu d'eau et appliquez-la directement. Couvrez et laissez agir.

Frictions

- Avec du crachat (salive). Pendant la Première Guerre mondiale, les médecins de campagne utilisaient des chiens pour désinfecter et soigner les blessures. Comment ? En faisant lécher les plaies par l'animal ! La salive contiendrait en effet des substances antiseptiques et apaisantes. Évidemment, cette recette n'est à utiliser que si vous n'avez rien d'autre sous la main au moment de l'attaque de l'insecte. Et de retour à la maison, mieux vaut appliquer un produit un peu plus adapté ;
- avec des fraises ;
- avec du savon de Marseille ;
- avec une feuille de tomate ;
- avec 1 ou 2 gouttes d'huile de citron mélangées à 1 cuillerée à café de miel ;
- avec un oignon cru coupé, une gousse d'ail ou du blanc de poireau (l'effet est immédiat) ;
- avec des feuilles fraîches (ou de l'huile essentielle) de thym, de marjolaine ou de plantain, dont on frotte énergiquement la piqûre.

Plaies

Contrairement aux coupures légères, égratignures et autres blessures et écorchures sans gravité (voir Coupures et égratignures, p. 94), les plaies sont des blessures profondes, s'infectant facilement et nécessitant une consultation médicale (indispensable !). Bien sûr, pour traiter en urgence ces blessures avant le transport vers l'hôpital le plus proche, nos grands-mères avaient recours à des remèdes aussi insolites que risqués. On pouvait par exemple laver ces plaies avec de l'urine, les faire lécher par un chien, appliquer des compresses d'ail, des cataplasmes d'argile pour empêcher l'infection, ou bien des cataplasmes de carotte. Nous ne vous conseillons pas d'essayer tout cela. En revanche, la science a aujourd'hui confirmé tous les bienfaits d'une méthode thérapeutique ancestrale et encore employée de nos jours dans certains hôpitaux français : les sangsues !

« Deux sangsues toutes les trois heures pendant trois jours. » Quand votre chirurgien vous prescrira une telle ordonnance, n'alertez pas immédiatement le Conseil de l'ordre pour faire rayer ce charlatan de la profession. La sangsue est en effet présente dans les hôpitaux depuis de nombreuses années, et notamment en France, dans les centres de pointe en chirurgie réparatrice, en microchirurgie et en ophtalmologie.

Ainsi le service SOS Mains de l'hôpital Boucicaut à Paris en a récemment utilisé lors de réimplantations, de transplantations de doigts par exemple, ou sur la microchirurgie de petits lambeaux, dans la seule indication d'une gêne au retour veineux. En clair, les sangsues, une fois accrochées à votre peau, vous injectent une salive composée de nombreuses molécules aujourd'hui identifiées. La plus connue d'entre elles est l'hirudine, qui présente la caractéristique d'être un anticoagulant dix fois plus puissant que l'héparine, jusqu'ici habituellement utilisée.

Et la sangsue, de plus, est une véritable usine à enzymes. Connue depuis les temps les plus anciens, elle n'a été employée en médecine qu'à partir de Pline, qui l'avait décrite et avait noté qu'elle suçait le sang humain. Ce fut donc l'un des remèdes de prédilection pour les saignées. Puis on l'a essayée pour traiter des affections aussi diverses que les troubles hépatiques, les dartres et d'autres maladies de peau, les menstruations irrégulières et bien d'autres. C'est ainsi que la sangsue devint l'animal à la mode et se répandit dans bien des cabinets médicaux d'Europe à partir du XVIIe siècle.

En France, ce n'est qu'au XIXe siècle, sous l'impulsion du Dr Broussais, médecin-chef de l'hôpital du Val-de-Grâce à Paris, que la sangsue connut un engouement énorme. La « consommation » de ces bestioles scientifiquement baptisées *Hirudo medicinalis* atteignit alors cinquante millions par an en France. Toutes les grands-mères possédaient leur « élevage » de sangsues et certains dictionnaires du début du XXe siècle décrivaient des recettes de pose pour les saignées, dont nous ne résistons pas à vous donner un aperçu : « Pour poser les sangsues, il faut laver la région à l'eau chaude en frottant pour la rougir, y déposer un peu de lait sucré, mettre la sangsue dans un verre à madère ou une ventouse que l'on tiendra renversée jusqu'à ce que l'animal se soit fixé sur la plaie. La succion dure une à deux heures. Il ne faut pas toucher les sangsues mais les laisser tomber d'elles-mêmes. Pour hâter leur chute, on les saupoudre de sel ou de tabac. On les conserve dans de l'eau d'étang, de rivière ou de pluie renouvelée tous les deux jours. »

Ma grand-mère m'a dit...

L'abandon

Les progrès de la science et de la médecine ont cependant fini par éclipser les sangsues des traitements au début du XXe siècle. Seules quelques aïeules attachées aux traditions et se méfiant des « hommes en blouse blanche » continuaient à utiliser ces animaux comme elles l'avaient vu faire par leurs parents et leurs grands-parents pour traiter les angines de poitrine, certaines migraines, entorses ou encore furoncles et hémorroïdes.

Le retour

Jamais vraiment disparue, la sangsue effectue aujourd'hui un véritable retour. Notamment grâce à deux chirurgiens plasticiens de Bordeaux, les Pr Jacques Baudet et François-Xavier Michelet. Les recherches et études scientifiques ont en effet démontré que les sangsues pouvaient être très utiles dans la réimplantation microchirurgicale d'un segment amputé, les doigts tout particulièrement. Les sangsues laissent également entrevoir d'étonnantes capacités dans les greffes de peau nécessitant un drainage veineux. En effet, lors d'une greffe, si la circulation sanguine ne se fait pas correctement, la greffe se congestionne et se nécrose.

D'après le Dr José Poletti, du service ophtalmologie de l'hôpital de Tarbes, posée sur une plaie ou des hématomes orbitaires, la sangsue agit comme un formidable cicatrisant. Et la douleur cesse immédiatement après qu'elle s'est fixée.

Aujourd'hui, n'ayez donc aucune crainte si votre chirurgien s'approche de votre lit avec un petit bocal de sangsues. Et sans aller jusqu'à la pose de ces animaux, sachez que les extraits d'*Hirudo medicinalis* sont également utilisés sous forme de crèmes et pommades contre l'insuffisance veineuse chronique, les hémorroïdes ou les ecchymoses.

Rhumatismes
(voir aussi Arthrose et arthrite)

Si, pour nous, les rhumatismes sont généralement considérés comme l'annonce du début de la vieillesse, scientifiquement parlant ce terme concerne toutes les maladies articulaires ou péri-articulaires. Les rhumatismes se localisent surtout autour du cou, des hanches, des mains, des pieds et du genou, entraînant la déformation des articulations. Ils sont nombreux, de nature très différente et peuvent intervenir à tout âge. Arthrite, arthrose, goutte, lumbago, polyarthrite, rhumatisme articulaire aigu (grave), rhumatismes déformants, tous nécessitent un suivi médical. Il faut savoir qu'en cas de rhumatisme dégénératif (arthrose), la médecine ne guérit pas encore les zones endommagées, mais elle peut ralentir le processus.

En tout cas, hormis la diminution d'amplitude dans les mouvements, la douleur pose problème. Pour la faire passer, nul besoin de se balader avec deux marrons ou une pomme de terre dans la poche comme le faisaient nos anciens. Si ces deux ingrédients ont des propriétés anti-inflammatoires reconnues, ce n'est pas dans la poche qu'ils agissent le mieux, mais directement au contact de la maladie ! En revanche, nos grands-mères possédaient dans leurs vieux livres de recettes populaires une liste de remèdes naturels à faire pâlir les spécialistes modernes qui en découvrent chaque jour les bienfaits, même si une consultation médicale est toujours recommandée.

Ma grand-mère m'a dit…

Les fleurs du bien

Après ce petit paragraphe, la pensée sauvage ne servira plus uniquement à décorer vos salades. En effet, introduite dans l'alimentation, cette fleur jaune, blanche et violette (d'où son autre nom de « violette tricolore ») se révèle efficace contre les rhumatismes. D'après certaines études, cette fleur qui pousse sur les sols argileux riches en nutriments, mais aussi sur les bords des chemins ou dans les prairies, contiendrait des flavonoïdes, des tanins, divers acides et de la saponine. De quoi lutter contre les rhumatismes donc, mais aussi contre les affections dermatologiques, la toux, les bronchites ou les inflammations des muqueuses.

Infusion d'artichaut

Si l'artichaut est surtout plébiscité pour ses vertus contre les troubles hépatiques, il semblerait que pris en infusion (1 cuillerée de feuilles dans un bol d'eau bouillante) il soit aussi efficace pour atténuer les douleurs articulaires. Sans effets secondaires, cette infusion peut se boire à volonté.

Cataplasmes et bains d'argile

En cas de douleurs rhumatismales aiguës, un cataplasme d'argile, froid ou tiède, doit être appliqué deux fois par jour pendant trois heures environ. Renouvelez l'opération jusqu'à disparition des douleurs. L'argile est désormais universellement reconnue pour lutter contre les inflammations.

En cas de douleurs chroniques, un bain chaud d'argile – local ou général en fonction des articulations touchées – associée à des algues se révèle très efficace pour lutter contre la douleur. Plongez les parties du corps atteintes de rhumatismes dans ce bain pendant une demi-heure environ, une fois par jour, lors des crises les plus douloureuses, puis une fois tous les deux jours pour entretenir les effets de ce traitement.

Du jus de citron

Les rhumatismes étant provoqués, entre autres, par une dégénérescence des articulations, boire le jus d'un citron, fruit hautement recommandé contre le processus de vieillissement, permettrait de prévenir et de ralentir l'évolution de ces maladies articulaires. Buvez donc le jus d'un citron dans de l'eau tiède chaque jour.

Du lait d'ail

Les Chinois utilisaient cette potion bien avant nous pour lutter contre la sciatique, les rhumatismes et l'arthrite. Faites bouillir deux gousses d'ail dans un bol de lait. Filtrez et buvez ce lait deux fois par jour, matin et soir. On peut aussi se contenter d'avaler chaque jour une gousse d'ail, à jeun, pendant quelques semaines, ou de se faire un massage d'ail broyé mélangé à de l'huile d'olive verte (voir Arthrose et arthrite, p. 23). Les chercheurs pensent que l'allicine présente dans l'ail est à l'origine de ses pouvoirs anti-inflammatoires.

Une dernière recette à l'ail préconise d'ingurgiter dans un peu d'eau une dizaine de gouttes d'un breuvage issu d'une macération d'ail râpé dans de l'alcool à 80°. Et si ça ne fait pas assez d'effet sur vos rhumatismes, soyez sûr en revanche que cette mixture explosive tuera tous les microbes qui traînent dans votre organisme !

Sachez, pour terminer, que boire des infusions préparées à base d'oignons non épluchés, les proches cousins de l'ail, peut être tout aussi efficace. Ce n'est qu'une question de goût !

Jus de gingembre et huile végétale

Vos articulations sont raides et douloureuses ? Essayez une friction au jus de gingembre frais mélangé à de l'huile végétale. Pour obtenir du jus de gingembre, râpez des morceaux de racine puis écrasez-les pour en recueillir le jus.

Compresses de feuilles de menthe

Analgésique, anti-inflammatoire, antiseptique, telles sont quelques qualités parmi tant d'autres reconnues à la menthe. Pour atténuer les douleurs rhumatismales, on peut donc essayer d'appliquer sur les articulations endolories des compresses de feuilles de menthe bouillies dans de l'eau.

Des pommes

La pomme, et plus particulièrement sa peau, semble être un remède de choix pour lutter contre les rhumatismes, puisque les principes actifs contenus dans le fruit renforcent le métabolisme du calcium, important pour entretenir la santé de vos articulations. Essayez donc une infusion de pelures de pomme (1 cuillerée de pelures sèches par tasse).

Impossible d'y échapper ! Le rhume est sûrement l'une des affections les plus courantes. Il n'est donc pas étonnant que, bien avant l'apparition de médicaments pour le traiter, de nombreux remèdes maison aient vu le jour dans nos campagnes.

Ma grand-mère m'a dit...

Du bouillon de poulet

Il a longtemps été le remède de choix contre le rhume. Et tous ceux qui l'ont essayé ont ressenti sinon un certain soulagement, du moins un réconfort. Et nos grands-mères avaient raison de nous en abreuver. Des médecins américains du centre médical de Mount Sinai à Miami ont en effet démontré que le bouillon de poulet décongestionnait efficacement les voies respiratoires, accélérait l'écoulement des sécrétions nasales et donc l'évacuation des microbes, et était plus efficace que tout autre liquide chaud pour soulager les symptômes du rhume. Seulement, ils ne savent toujours pas pourquoi !

De l'ail

Contre le rhume et la grippe, prenez de l'ail en gélules ou de l'huile d'ail (1 cuillerée à soupe) toutes les heures. On peut aussi appliquer directement sur le dos ou le thorax une pâte de couleur jaune beurre composée de gousses d'ail pilées mélangées avec de l'huile d'olive et quelques gouttes d'eau. On peut enfin frotter directement une gousse sur la plante des pieds. Mais pour que cette vieille méthode chinoise fasse effet, il est conseillé de garder la gousse d'ail appliquée sur la plante des pieds toute la nuit en la maintenant avec une paire de chaussettes usagée. On ne le répétera jamais assez : l'ail est l'aliment respiratoire par excellence grâce à ses propriétés antibiotiques (il tue les microbes), antiseptiques et anti-allergènes. On s'en est longtemps servi pour lutter contre les épidémies, alors contre un petit rhume…

Du lait à la sauge

La sauge possède des propriétés astringentes et desséchantes qui font d'elle une plante idéale pour favoriser l'évacuation des mucosités et sécrétions encombrant le nez et les poumons. Cette plante est particulièrement efficace en tisane ou en gargarismes. Contre le rhume, laissez infuser une quinzaine de minutes quelques feuilles de sauge dans un bol de lait bouillant. Buvez-en à tout moment de la journée.

Inhalations de vinaigre

Mieux que l'eucalyptus pour déboucher le nez, le vinaigre ? Peut-être pas, mais ses propriétés antiseptiques et bactéricides font de lui un sérieux concurrent pour dégager rapidement les voies respiratoires, que ce soit le nez, la gorge ou les sinus. Alors, si vous ne disposez pas d'eucalyptus chez vous, inhalez du vinaigre ou bien, comme le préconise cette autre recette maison, frottez-vous tout le corps avec de l'eau vinaigrée tiède avant de vous coucher sous une couette bien chaude.

Sérum physiologique à l'argile et au citron

Pour soigner le rhume chez les bébés, chacun sait qu'il faut leur nettoyer le nez au sérum physiologique ou à l'eau de mer. Pour les adultes la méthode reste la même, sauf qu'il est recommandé ici de mélanger un peu de sérum physiologique avec de l'eau argileuse et un peu de jus de citron frais. Il suffit, à l'aide d'un gros compte-gouttes, d'irriguer votre nez trois ou quatre fois par jour avec ce produit, en vous mouchant bien après le lavage de chaque narine. Cette recette est également valable dans les cas de sinusites (voir p. 188).

Un sirop canadien

Vu le climat qui règne chez nos cousins francophones du Canada, il n'est pas étonnant que leurs grands-mères aient aussi mis au point leurs petites recettes pour traiter le rhume. Et contrairement à nous, on ne s'embarrasse pas, là-bas, de fioritures pour leur composition ; on prend tous les ingrédients supposés bons contre ce type d'infection, on mélange et cela donne le sirop suivant.

Il vous faut : huit grosses fleurs de vinaigrier, de l'eau, des feuilles de menthe, du sirop d'érable (ou du miel liquide, plus facile à trouver pour nous) et un peu de gin. Faites bouillir dans l'eau les feuilles de vinaigrier et de menthe une dizaine de minutes. Filtrez et ajoutez le sirop d'érable ou le miel, puis le gin. Prenez 1 cuillerée à thé de ce breuvage chaque fois que le besoin s'en fait sentir. Avantage de ce sirop : il se conserve au frigo.

La sinusite est une inflammation des sinus de la face, ces cavités des os (sinus frontal ou maxillaire), qui provoque des douleurs souvent atroces. C'est sur elles que nos grands-mères tentaient d'intervenir, car il est bien évident que pour soigner vraiment la sinusite une consultation chez un ORL s'impose.

Ma grand-mère m'a dit...

Cataplasmes de chou

Prenez une large feuille plate de chou, du jus de citron, 6 cuillerées à soupe d'argile verte et de l'eau tiède. Écrasez la feuille de chou au rouleau à pâtisserie (la feuille doit être complètement lisse). Mélangez le jus de citron et l'argile, puis ajoutez de l'eau pour obtenir une pâte épaisse. Déposez le tout sur la feuille de chou. Reste à étaler cette pâte sur le front ou sur les maxillaires, selon la nature de la sinusite, et à la maintenir en place avec une bande bien serrée jusqu'à ce que ce cataplasme sèche, soit une heure trente environ. Renouvelez l'application deux fois par jour jusqu'à dégagement total des sinus (en général, l'effet est rapide).

Inhalation d'ail et de vinaigre

Pour dégager les sinus, préparez une inhalation avec le mélange suivant : une gousse d'ail finement hachée, 1 cuillerée à café de vinaigre et 50 cl d'eau bouillante. À renouveler plusieurs fois par jour.

Passez par l'estomac !

Si les sinus sont trop bouchés, on peut tenter de les décongestionner en passant par l'estomac. Essayez donc d'avaler un peu d'une pâte composée d'ail cru pressé, de miel, de persil et d'une tranche de citron. Et si ce n'est pas encore assez efficace, tentez le mélange suivant (à parts égales) : ail cru, oignon émincé et raifort râpé, auxquels vous ajouterez une pincée de poivre de Cayenne. Avant de consommer, il faut laisser macérer ce mélange trois jours dans du vinaigre de cidre. Il reste alors à filtrer et à en boire une tasse, deux ou trois fois par jour. Le raifort, racine au goût très fort, favorise la circulation des mucosités parce qu'il contient une substance chimique semblable à celle qui est présente dans les décongestionnants. Si avec cette potion magique la décongestion des sinus semble assurée, nous ne vous garantissons pas un goût très agréable !

Carotte et citron

Mettez le matin 1 goutte de jus de carotte dans chaque narine, et le soir une goutte de jus de citron. Riche en vitamine C et en bêta-carotène, la carotte a des propriétés anti-inflammatoires aujourd'hui reconnues. Le citron constitue un formidable désinfectant, capable de détruire de nombreux microbes et bactéries.

Cataplasmes d'argile

Pour dégager les sinus, rien de tel qu'un petit cataplasme d'argile froide de 1 à 2 cm d'épaisseur que l'on applique le long des ailes du nez ou sur le front, près des sinus. Laissez ce cataplasme agir une à deux heures matin et soir pendant plusieurs jours.

Après le rhume, les maux de tête et les problèmes de digestion, l'insomnie est la quatrième raison qui pousse les gens à consulter un médecin. Bien dormir est vital pour que l'organisme se repose : relâchement des muscles, baisse de tension, etc. Si vous avez du mal à vous endormir, si vous souffrez d'insomnies, ne vous jetez pas sur les premiers somnifères ou barbituriques venus vendus sur ordonnance. Essayez auparavant l'un des remèdes de grands-mères suivants et adoptez une hygiène de vie plus saine (moins de café, de sel, d'alcool...).

Ma grand-mère m'a dit...

Tisane de valériane ou de menthe

Fleur d'été qui pousse dans les clairières, les prairies humides ou sur les sols argileux, la valériane (surtout ses racines) contient de nombreuses substances actives, comme des alcaloïdes et des huiles essentielles, qui lui confèrent ses vertus médicinales. Résultat, depuis les temps les plus anciens, la valériane est employée contre les troubles du sommeil, voire contre les états dépressifs. Ces vertus sont aujourd'hui confirmées par des études suisses. De plus, la tisane de valériane n'occasionne aucun effet secondaire (ni pertes de mémoire ni somnolences), contrairement à certains somnifères ou barbituriques.

Une bonne tisane de feuilles de menthe à laquelle on ajoute un peu de miel liquide aide également à s'endormir si on la prend une demi-heure avant de se coucher.

Pour favoriser l'endormissement, le miel est d'ailleurs conseillé dans toutes sortes de tisanes ou pris dans du lait chaud.

De la lavande

Recommandée en infusion contre les migraines et les vertiges, l'essence de lavande pourrait constituer une alternative aussi efficace qu'agréable pour aider à trouver le sommeil. C'est en tout cas ce que suggère une étude britannique réalisée par le Dr Mark Hardy, de Leicester, et publiée dans le journal médical de référence *The Lancet.* Ses patients suivaient depuis plusieurs mois un traitement pour lutter contre l'insomnie. On a introduit de l'essence de lavande – grâce à un diffuseur – dans l'atmosphère de leur chambre. Tous se sont mis à mieux dormir. Mais ce n'était en fait qu'une variante scientifique d'un remède de grand-mère qui consiste à déposer sur votre oreiller un mouchoir sur lequel vous avez versé quelques gouttes d'huile essentielle de lavande.

Bain relaxant au gros sel

Après une journée fatigante, rien ne vaut un bon bain d'eau salée. Jetez quelques poignées de gros sel marin dans votre baignoire et laissez-vous aller dans la tiédeur de cette eau « marine » qui vous prédisposera au sommeil.

Anxiété, nervosité, irritabilité... D'après les sondages, le stress est un ennemi public de la société : sept personnes sur dix déclarent aujourd'hui en être atteintes. Ce n'est d'ailleurs pas un hasard si, pour le vaincre, la France figure parmi les plus gros consommateurs de médicaments dits psychotropes, comme les somnifères ou les anxiolytiques. Des médicaments qui créent généralement assez rapidement une accoutumance. Et plus on en prend, moins ils font d'effet ! Heureusement, pour lutter contre le stress, nos grands-mères ont à leur disposition toute une batterie de remèdes, notamment à base de plantes. Remèdes aujourd'hui reconnus et même recommandés par les scientifiques. En voici quelques-uns.

Ma grand-mère m'a dit...

Mangez du ginseng

Le ginseng est depuis longtemps utilisé en Extrême-Orient pour soulager divers troubles associés au stress. Aujourd'hui, des chercheurs de Portland, aux États-Unis, ont identifié dans les racines de ginseng le composé responsable de cet effet : c'est le ginsénoside, une saponine qui a le même effet que les opiacés.

De l'ail au lait

Faites bouillir une gousse d'ail dans une tasse de lait, et consommez chaud. L'ail et la sauge font également bon ménage. Préparez-les donc en potage pour retrouver tonus et moral.

Autres plantes antistress

L'aubépine

Les décoctions d'aubépine traitent depuis les temps anciens à la fois l'insomnie, l'angoisse, le stress et les palpitations liées à ces affections. On utilise aussi cette plante dans le traitement de l'hypertension artérielle et de la tachycardie.

La camomille

Plante aux vertus calmantes, apaisantes, elle soulage les tensions. La camomille est particulièrement destinée à ceux qui, sous l'effet du stress, ont du mal à digérer et à dormir.

Le tilleul

D'après les chercheurs, ses fleurs sont anxiolytiques et, préparées en décoction (voir encadré p. 194), elles soulageraient les troubles digestifs causés par les états de stress. Avantage : on peut en boire toute la journée, car les préparations au tilleul ne possèdent pas de vertus hypnotiques très importantes. Faites bouillir 20 g de fleurs dans 1 litre d'eau une vingtaine de minutes. Filtrez et buvez une tasse trois ou quatre fois par jour dans les périodes d'anxiété et de stress.

Le houblon

Eh oui ! Le houblon ne sert pas qu'à la fabrication de la bière. L'odeur des fleurs aurait le pouvoir d'apaiser les esprits et même de faire dormir. D'ailleurs, dans nos campagnes, il n'y a encore pas si longtemps, on en garnissait les oreillers des insomniaques. En cas d'insomnie, buvez une infusion de houblon juste avant de vous coucher. Le houblon peut très bien être associé à la camomille et au tilleul pour un meilleur sommeil.

La marjolaine

Cette plante est un tranquillisant naturel puissant qui détend, soulage la nervosité et l'agressivité.

PETIT GLOSSAIRE DES PRÉPARATIONS
À BASE DE PLANTES

Infusion (pour faire des tisanes)
Versez de l'eau bouillante sur des plantes avant de remuer et de couvrir. Laissez agir à couvert – c'est l'infusion – quelques minutes (entre cinq et vingt selon les tisanes), filtrez et buvez.

Décoction
Plongez les plantes dans de l'eau froide et laissez-les reposer quelques minutes. Ensuite, faites bouillir les plantes dans l'eau, de dix à quinze minutes en moyenne, avant de filtrer au tamis et de boire.

Macération
Dans du vinaigre, de l'huile ou de l'eau, selon les recettes, laissez macérer les plantes plusieurs jours, à l'abri du soleil et à température ambiante. Faites reposer cette macération de deux à dix jours, selon les conseils de préparation, en remuant doucement le mélange chaque jour. Il reste à filtrer et à presser pour récupérer le produit.

Toux

N'essayez pas de vous « empêcher de tousser » : la toux est un phénomène réflexe, involontaire et impossible à réprimer. C'est certainement l'affection respiratoire la plus courante et malheureusement la plus négligée. Elle est si fréquente qu'on la trouve presque normale. Et les causes (refroidissement, virus, maladies diverses) en sont si nombreuses... Autant que les traitements de grands-mères pour l'arrêter. Ces braves grands-mères qui, il y a déjà bien longtemps, nous frictionnaient la plante des pieds en ignorant, sans doute, qu'elles pratiquaient ainsi la « réflexothérapie ». Bains, massages, tisanes, pommades antirefroidissement, ces mamies guérisseuses avaient aussi recours aux cataplasmes de graines de lin, de farine de moutarde ou d'oignons cuits appliqués sur le dos et la poitrine. Sachez toutefois qu'on ne combat pas une toux grasse avec des sirops dits antitussifs et que, en cas de toux sèche, mieux vaut d'abord traiter l'irritation qui en est à l'origine (rhume, sinusite, asthme...) avant d'employer ces sirops. Consultez un médecin en cas de quintes de toux prolongées ou essayez de les éradiquer dès leur apparition en employant, par exemple, les remèdes calmants indiqués ci-après.

Ma grand-mère m'a dit...

Cataplasmes de farine de moutarde

Frottez-vous la poitrine avec de l'huile d'olive. Après ce massage, posez sur votre torse un cataplasme composé de farine de moutarde et de farine de blé. Retirez-le quand la peau commence à rougir un peu. Renouvelez l'opération chaque fois que le besoin s'en fait sentir.

Sirop d'ail

Pour guérir une toux, il faut parfois savoir souffrir un peu. Mais cela en vaut souvent la peine ! L'ail, vous le savez, est un puissant antiseptique et, véritable antibiotique, il renforce l'organisme contre les attaques de l'extérieur. Il est donc hautement recommandé contre la toux. Mettez huit gousses d'ail dans un récipient que vous recouvrirez de miel liquide pour faire passer le goût et adoucir la gorge. « Dégustez » – ou en tout cas avalez – 1 cuillerée à café de cet élixir toutes les deux heures.

Vous pouvez aussi déposer dans un récipient trois gousses d'ail sur lesquelles on versera 50 cl d'eau bouillante. Couvrez, laissez infuser une quinzaine de minutes et buvez ! Normalement, votre toux ne sera vite plus qu'un mauvais souvenir.

Sirop au thym et au miel

Le thym associé au miel constitue la base d'un excellent sirop antitussif efficace contre les toux rebelles. Faites infuser une bonne quantité de thym dans un demi-litre d'eau, filtrez et ajoutez du miel liquide 3 cuillerées à soupe. Couvrez et chauffez cette préparation à feu doux en remuant doucement. Laissez refroidir et prenez 1 cuillerée à soupe de ce sirop chaque fois qu'une crise de toux pointe à l'horizon. Un avantage : ce sirop se conserve au frais.

Sirop alcoolisé au miel et au citron

Encore une fois, vous ne serez pas étonné si nous vous disons que cette recette associant alcool et miel nous vient d'un pays où la toux est aussi courante que le froid qui peut la provoquer : le Canada. Mélangez à parts égales de petites quantités de glycérine liquide (vendue en pharmacie), de miel, de jus de citron et de rhum, eau-de-vie ou autre boisson forte que vous aimez. Faites chauffer le tout jusqu'à ébullition mais évitez de laisser bouillir. Buvez-en chaque fois que cela vous paraît nécessaire et conservez le reste au réfrigérateur.

Buvez de la bière !

La bière est connue depuis des millénaires. Elle a longtemps été considérée comme une boisson sacrée, aux vertus médicinales multiples. À juste titre. Ici, pas besoin d'en avaler des litres, même si de récentes études ont montré que la bière, consommée modérément, ne faisait pas grossir. Utilisez-la pour préparer le sirop suivant. Mélangez 25 cl de bière, 3 cuillerées à thé d'essence de menthe poivrée et deux petites tasses de cassonade (sucre raffiné une seule fois). Faites bien fondre le tout. Votre (épais) sirop est prêt et peut se conserver au frais.

Tisane de guimauve

La guimauve est une plante vivace qui pousse sur les terrains humides d'Europe et d'asie. Depuis longtemps, elle est réputée pour ses vertus adoucissantes et anti-inflammatoires, notamment grâce aux pectines qu'elle contient. La tisane de feuilles et de fleurs de guimauve calme et atténue les inflammations des bronches, responsables des quintes de toux. Plongez une quinzaine de grammes de feuilles et de fleurs dans 1 litre d'eau bouillante. Laissez infuser dix minutes. Buvez deux ou trois tasses par jour, quand bon vous semble.

Jus de carotte

Survitaminé, le jus de carotte permet d'augmenter les défenses immunitaires. Coupez des carottes en rondelles que vous placerez dans une casserole en les saupoudrant de fines couches de sucre. Portez à ébullition et laissez cuire une dizaine de minutes. Il n'y a plus qu'à recueillir le jus et à le consommer à raison de quelques cuillerées à soupe par jour.

Bouillie de poireaux au miel

Faites bouillir trois poireaux et, une fois qu'ils sont bien cuits, retirez-les de l'eau et ajoutez-y 2 cuillerées à soupe de miel. Écrasez et mélangez le tout. Prenez une bonne cuillerée de cette potion à chaque apparition de la toux. Le miel, qui est l'ingrédient de base de nombreuses préparations contre la toux, est reconnu depuis l'Antiquité pour ses vertus bactéricides, antibiotiques et anti-infectieuses.

Les varices, une histoire qui ne concerne que les personnes âgées ? Voici une idée à s'enlever tout de suite de la tête ! Ces veines bleues, dilatées, qui rendent les jambes douloureuses et fatiguées sont les symptômes d'une maladie le plus souvent héréditaire. Si vos parents ont des varices, et si vous devez en avoir à votre tour, ce sera dès votre plus jeune âge. Près de 20 % de la population française en serait affectée. Et si les varices représentent pour la majorité d'entre nous un souci plutôt esthétique, il est préférable pour la santé de les soigner le plus tôt possible. Les varices sont en effet des veines affaiblies qui n'ont plus la force d'assurer pleinement la circulation du sang vers le cœur. Cela peut aller jusqu'à entraîner la formation de caillots sanguins douloureux, et même d'embolies. Le principal traitement consiste donc à stimuler la circulation sanguine et à favoriser le repos des jambes.

Ma grand-mère m'a dit…

Cataplasmes de lierre et de chou

Hachez menu des feuilles de lierre grimpant. Prenez une feuille de chou, écrasez-la complètement au rouleau à pâtisserie avant de la recouvrir du lierre pilé. Pliez la feuille de chou en deux et appliquez à même la peau le long des varices. Maintenez en place pendant une heure à l'aide d'un bandage. Cette recette est à réaliser lorsque les varices sont bien gonflées, ainsi vous parviendrez à les assouplir et à les faire diminuer. Et si vous voyez apparaître sur votre peau ce qui peut ressembler à de petits grains de sable, n'ayez crainte, c'est bon signe.

Compresses de vinaigrette

Cette recette soulage immédiatement et durablement le gonflement des veines et les douleurs qui l'accompagnent. Prenez 1 litre d'huile d'olive, deux tasses de vinaigre de cidre et un grand verre d'eau tiède. Mélangez le tout au fouet et imprégnez-en un linge de coton fin. Appliquez sur les parties douloureuses pendant une vingtaine de minutes. Renouvelez les compresses autant de fois que nécessaire.

Bains de pieds ou sirop à l'ail

Faites bouillir quelques gousses d'ail dans de l'eau, laissez refroidir un peu et prenez un bain de pieds dans cette eau la plus chaude possible. Vous pouvez aussi confectionner un sirop à l'ail (épluchez et râpez les gousses) avec de l'eau et quelques cuillerées de miel liquide. À prendre chaque jour. Riche en iode et en silice, l'ail soulage les troubles circulatoires et possède des effets bénéfiques sur la fluidité du sang. En consommer permet aussi de prévenir efficacement la formation de caillots.

Infusion de marrons

Comme nous l'avons vu pour les hémorroïdes, le marron d'Inde, grâce à la saponine et aux flavonoïdes qu'il contient, facilite la circulation veineuse et oulage les varices. Jetez 20 g de marrons d'Inde concassés dans un demi-litre d'eau, faites bouillir cinq minutes, laissez infuser une dizaine de minutes et buvez de cette infusion deux fois par jour, après les repas. Vous pouvez aussi acheter en pharmacie des pommades pour stimuler la circulation du sang.

Inesthétiques, contagieuses mais généralement indolores, les verrues sont des petites tumeurs de la peau dues à un virus. Elles peuvent apparaître sur n'importe quelle partie du corps, avec une préférence tout de même pour les pieds (verrues plantaires) et les mains. Le traitement médical classique des verrues consiste à brûler, couper, gratter, geler (cryothérapie) ou éliminer ces petites tumeurs au rayon laser. Mais pourquoi ne pas essayer la voie naturelle ? Il suffit d'y croire… et de savoir que près de la moitié d'entre les verrues, notamment celles des enfants, disparaissent d'elles-mêmes. On dit même que l'apparition de certaines verrues est d'origine psychologique. Alors pourquoi leur disparition ne le serait-elle pas aussi ?

Ma grand-mère m'a dit…

Pansement d'ail

Coupez de l'ail en très menus morceaux. Placez ces morceaux dans un pansement présentant un petit emplacement creux (pansements pour cors aux pieds vendus en pharmacie). Appliquez l'ail pilé sur la verrue, il sera maintenu en place par le pansement adhésif. Renouvelez chaque jour l'opération.

Précaution d'emploi : l'ail doit être posé exactement sur la verrue. À côté, il pourrait brûler la peau. En général, quelques jours de ce traitement suffisent pour faire tomber racine et verrue.

Oignon et gros sel

Creusez un oignon et remplissez-le de gros sel. Recueillez chaque jour le jus qui en suinte et frottez-en les verrues jusqu'à disparition.

Huile de poisson gras

Plutôt que de boire de l'huile de foie de morue, appliquez-la sur la verrue. La vitamine A qu'elle contient en grande quantité permettrait en effet d'éliminer les verrues.

Plus rustique...

On peut enfin utiliser des méthodes plus rustiques comme frotter la verrue avec un morceau de craie ou de pomme de terre crue, appliquer des tranches de citron que l'on aura préalablement laissées macérer dans du cidre avec un peu de sel, ou bien fixer la surface interne d'une peau de banane sur une verrue plantaire. Certaines recettes conseillent enfin de mettre sur la tumeur le produit (un emplâtre) d'une macération, pendant dix jours, de pétales de lis blanc dans du vinaigre. Ces dernières recettes n'ont pas été scientifiquement étudiées, mais elles ont empiriquement fait leurs preuves.

S'il est un domaine où les recettes de grands-mères se transmettent de génération en génération, c'est bien celui qui concerne les soins de beauté. La cosmétologie est même, depuis des siècles, l'un des principaux champs d'application de ces recettes aujourd'hui oubliées ou inusitées, faute de temps et de courage pour les réaliser – il faudrait courir les marchés, les fleuristes et les pharmacies pour trouver les ingrédients ! Pourtant, ces remèdes de beauté que la science ne peut désormais plus réfuter sont économiques, rapides à fabriquer, efficaces et sans danger. Laissez-vous tenter…

Ma grand-mère m'a dit…

Démaquillant au yaourt

Mélangez dans une tasse un demi-yaourt, 1 cuillerée à soupe de miel liquide d'acacia, 1 cuillerée à café de germes de blé, la pulpe d'une demi-pomme passée au mixeur et 1 cuillerée à soupe de jus de citron. Ajoutez enfin 10 g de fécule de pomme de terre puis mélangez. Il n'y a plus qu'à verser quelques gouttes d'huile essentielle de lavande et à conserver le tout au frais dans un récipient hermétiquement fermé.

L'huile d'amande douce associée à la pulpe de pêche constitue également un démaquillant efficace.

Masque purifiant à l'argile

L'argile est un nettoyant efficace de la peau. Il exerce une action stimulante et réoxygénante des cellules qui permet de nettoyer, adoucir et donner éclat et luminosité.

L'argile sera donc l'ingrédient de base de nombreux produits de beauté comme celui-ci. Mélangez 1 cuillerée à soupe d'argile blanche, 2 cuillerées à soupe d'eau de fleur d'oranger, 1/2 cuillerée à café d'huile de germe de blé. Pour les peaux grasses, ajoutez quelques gouttes d'huile essentielle de lavande. Appliquez sur le visage et veillez à retirer le masque avant qu'il ne sèche en rinçant à l'eau.

Les masques à l'argile font du bien aux peaux grasses, les embellissent, mais n'agissent que temporairement pour atténuer le vrai problème. En effet, si un masque de boue enlève bien l'huile à la surface de la peau et la tonifie, il n'est pas très efficace pour lutter contre l'huile incrustée en profondeur dans les pores. Il faudra donc renouveler ce masque chaque jour. En général, plus l'argile est foncée, plus elle peut absorber d'huile. Les argiles blanche et rosée sont moins efficaces, car beaucoup plus douces ; elles conviennent mieux aux peaux sensibles.

Masque nourrissant à l'avocat

Ce masque est réservé aux peaux sèches. Mélangez la pulpe d'un avocat à 1 cuillerée à soupe d'huile d'olive. Appliquez et laissez agir pendant une vingtaine de minutes puis rincez à l'eau tiède.

Masque du fumeur

La peau des fumeurs est, en règle générale, terne, épaisse et desséchée. Elle vieillit très vite. Voici une recette de masque riche en vitamines B2, A, et E. Prenez 2 cuillerées à café de levure de bière en poudre, 1 cuillerée à soupe d'huile de germe de blé, 1 cuillerée à soupe d'huile de carottes, 2 cuillerées à soupe de crème fraîche et deux branches de persil hachées. Mélangez tous les ingrédients puis appliquez le résultat de ce mélange sur le visage avant de le recouvrir avec une bande de gaze fine. Laissez agir pendant quinze minutes et nettoyez à l'eau froide.

Œuf et yaourt contre le relâchement de la peau

Battez un blanc d'œuf en neige puis mélangez-le énergiquement à un yaourt nature ou à son poids en lait entier. Ajoutez le jus d'un citron et fouettez encore ce mélange. Étalez la préparation sur le visage et laissez agir pendant une quinzaine de minutes. Rincez à l'eau minérale plate. Résultat : la peau est régénérée, reposée, les traits du visage semblent plus lisses. Cette recette est à renouveler une fois par mois.

Antirides

Des œufs

Pour adoucir la peau, faites un masque avec des blancs d'œufs. Le blanc d'œuf ne se compose que d'eau et de protéines d'albumine. Il nourrit la peau car, si l'eau s'évapore, les protéines demeurent. Laissez agir quinze minutes. En rinçant votre masque vous éliminez les cellules mortes, ce qui laisse la peau douce et saine.

Miel, citron et amandes

Pour estomper rides et ridules, pensez aux fruits revitalisants. Ils redonnent à la peau un petit coup de jeune, visible immédiatement après l'application. Mélangez donc 1 cuillerée à soupe de miel de lavande (aux vertus assouplissantes) avec quelques gouttes de citron (tonique et rafraîchissant) et 1 cuillerée à café d'huile d'amande douce, riche en acides gras adoucissants. Cet élixir « défroisse » les traits du visage.

Pamplemousse rose et œuf

Dans le jus d'un pamplemousse rose, dont les vertus revitalisantes sont désormais reconnues, ajoutez un blanc d'œuf monté en neige (à l'effet tenseur). Faites bien mousser le mélange avant de l'appliquer sur le visage et le cou.

Masque nourrissant aux œufs

Battez deux jaunes d'œufs avec quelques cuillerées d'huile et un peu d'eau. Appliquez ce mélange sur votre visage avec un coton et conservez-le au moins dix minutes avant de rincer. S'il vous en reste, mettez cette fausse mayonnaise au réfrigérateur et utilisez-la le lendemain, ou bien appliquez-la sur vos mains.

Du lait, tout simplement

Il semble qu'appliquer du lait entier avec du coton après le démaquillage constitue un excellent soin antirides.

Éclat de la peau : levure de bière et myrtilles

Teint brouillé, mine chiffonnée ? Vite un masque coup d'éclat à l'aide de produits naturels aux effets tenseurs et jouant bien leur rôle de « coup de bluff » pour s'offrir, le temps de quelques heures, une bonne mine sur mesure. Diluez 1 cuillerée à soupe de levure de bière (stimulante) dans du jus de myrtille (tonique). Laissez reposer une demi-heure. Appliquez sur le visage et le cou. Rincez délicatement en tapotant sans jamais frotter. Vous pouvez faire ce masque quand bon vous semble mais toujours sur un visage démaquillé et nettoyé – conseil valable pour tous les soins du même genre.

Pour un teint de rose : les eaux de fleurs

Préparée rapidement, l'eau de fleur remplace avantageusement lotions et toniques vendus sur le marché. Pour cela, faire bouillir 25 cl d'eau avant d'y jeter une grosse poignée de fleurs ou de plantes fraîches ou séchées. Laissez infuser, hors du feu, une quinzaine de minutes, puis filtrez. Cette lotion mise en bouteille se conservera une quinzaine de jours.

Pour les peaux normales

Au choix, eau de rose, de cerfeuil, de fleurs d'oranger ou de tilleul.

Pour les peaux sensibles

Eau de mauve, de millepertuis ou de violette.

Pour les peaux grasses

Eau de lavande, de romarin, de sauge, de thym ou de mélisse.

Pour les peaux sèches

Eau de coquelicot, de basilic, de camomille ou de lis blanc.

Peaux sensibles : abricot et pêche

Masque à l'abricot

Pour calmer une peau sensible et fragile, offrez-lui un masque à la pulpe de fruits très sucrés. Composez une pâte crémeuse avec la pulpe de deux abricots (tonifiants) et 1 cuillerée à café de miel de lavande (apaisant). Appliquez-la partout, du front à la naissance du décolleté, en prenant soin de vous être préalablement démaquillée.

Crème à la pêche

Écrasez la chair d'une pêche blanche (vertus adoucissantes). Gardez la pulpe et ôtez le jus. Faites une pâte onctueuse en ajoutant quelques gouttes d'eau de rose, dont les tanins tonifient l'épiderme. Appliquez et laissez agir dix minutes puis rincez à l'eau tiède.

Nettoyer les peaux grasses

Une crème de concombre

Cette ancienne recette est particulièrement recommandée pour traiter les peaux grasses.

Ingrédients : un demi-concombre, un quart de tasse d'eau de rose, quelques gouttes de teinture de benjoin. Passez le demi-concombre au mixeur afin d'obtenir une pâte lisse. N'en faites pas de grandes quantités, une petite tasse suffira. Ajoutez à la pulpe en purée le quart de tasse d'eau de rose et la teinture de benjoin à l'aide d'un compte-gouttes. Appliquez sur la peau et laissez agir vingt minutes. Rincez à l'eau froide.

Masque aux fraises, aux mûres ou aux framboises

Vous avez la peau grasse, luisante et sujette aux points noirs. Choisissez des fruits qui ont une action astringente sur l'épiderme, comme la pulpe de fraises fraîches mais aussi de mûres ou de framboises. Pour vous fabriquer un masque de beauté, écrasez (ou passez au mixeur) une poignée de fraises, de mûres ou de framboises, ajoutez un demi-yaourt nature et 1 cuillerée à soupe de poudre d'amandes. Étalez cette crème sur votre visage et conservez-la au moins quinze minutes avant de vous rincer.

Nettoyer et hydrater les peaux sèches

Lotion au melon et au lait

Écrasez la pulpe d'un melon puis filtrez-la pour en obtenir 5 cl de jus. Versez ce jus dans 5 cl de lait puis ajoutez encore 5 cl d'eau. Mélangez le tout dans un flacon en verre en secouant bien. Vous pouvez maintenant vous nettoyer le visage à l'aide d'un coton, matin et soir. Votre peau ne sera plus sèche.

Masque régénérant après-soleil à la crème fraîche

La peau déshydratée et séchée par une longue exposition au soleil a besoin de reprendre un peu de fraîcheur. Il suffit de mélanger 1 cuillerée à soupe de crème fraîche (ou de yaourt nature), 1 cuillerée à café de miel et 1 cuillerée à café de pêche (ou de chair d'avocat écrasée). Ajoutez quelques gouttes d'huile essentielle de rose et appliquez sur la peau. Laissez agir vingt minutes et rincez délicatement à l'eau tiède.

Lait d'amande assouplissant après soleil

Sous l'effet des ultraviolets, l'épiderme se met à tirailler. Déséquilibrée, la peau ne joue plus son rôle de barrière qui retient l'eau dans la couche cornée. Pour redonner de la souplesse à la peau, il faut l'abreuver de masques hydratants. Broyez très finement deux poignées d'amandes fraîches, sans la peau, puis ajoutez-leur une petite quantité de lait entier tiède afin d'obtenir une préparation moelleuse. Appliquez sur l'ensemble du visage et du cou. Laissez agir entre quinze et vingt-cinq minutes. Rincez à l'eau tiède.

Bibliographie

M. Beauvais, *Magie de l'argile*, Éditions Flammarion, 2001.

M. Borel, *Ces plantes qui nous veulent du bien*, Éditions Hachette, collection Phare, 2000.

A. Chevalier, *Encyclopédie des plantes médicinales*, Sélection du Reader's Digest, 1997.

M. Cormier-Boudreau, *Médecine traditionnelle en Acadie*, Moncton, Éditions d'Acadie, 1992.

R. Domerego, *Ces abeilles qui nous guérissent*, Éditions J.-C. Lattès, 2001.

Dr Y. Donadieu, *L'Argile*, Éditions Maloine, 1980.

Dr L. Donnet, *Les Aimants pour votre santé*, Éditions Dangles, 1985.

J. Duke, *The Green Pharmacy*, Rodale Press, Pennsylvanie, 1997.

D. Duret, « Bon comme trois pommes », *Vie et Santé*, février 1991.

G. Edde, *Ginseng et plantes toniques*, Éditions Dangles, 1984.

R. Emil Neuman, *Les Trucs de santé*, Éditions Reuille, 1996.

J. Fleurentin et J.-M. Pelt, « Les plantes médicinales », *La Recherche* n° 222, juin 1990.

M.E. Gatineaud et J. Paccalin, « La thérapeutique par le chocolat », *Diététique et médecine* n° 4, 1991.

K. HOSTETTMANN, *Tout savoir sur le pouvoir des plantes sources de médicaments*, Éditions Favre, Lausanne, 1997.

JELLIN, GREGORY, BATZ, HITCHENS et al., *Natural Medicines Comprehensive Database*, 3rd ed., Stockton, C.A., Therapeutic Research Faculty, 2000.

G. LAFFONT, *Les Bienfaits du miel*, Éditions Michel Lafon, 2000.

G. LAFFONT et BERTOLETE, *Les Bienfaits de l'ail*, Édition Michel Lafon, 1999, Le Livre de Poche Santé, 2001.

A. LAVEDRINE, *Les Vertus du vinaigre*, Éditions Michel Lafon 1997.

PR R. LIAUTE, « L'olive et l'olivier, santé, vigueur, beauté », revue *Vie et Action*.

P.-F. MICHEL, *Ginkgo biloba, l'arbre qui a vaincu le temps*, Éditions du Félin, Paris, 1985.

J.-Y. PERRON-AUTRET, *Les Secrets du médecin paysan*, Éditions Josette Lyon, 1998.

M.-A. PICARD, *Ces vingt aliments qui guérissent*, Presses du Châtelet, 2001.

V. PITMAN, *La Phytothérapie*, Éditions J'ai Lu, collection Bien-Être, 2001.

DR H. PUGET et R. TEYSSOT, *Mes remèdes de grand-mère*, Éditions Minerva, 2000.

DR H. ROBERT, « Les vertus thérapeutiques du chocolat », *Panorama du médecin*, février 1991.

L. SILBERT, « La thérapie magnétique de la douleur », *Le Quotidien du médecin*, n° 6186, décembre 1997.

R. SIMONET, *Le tonus par le chou*.

PR G. TURPIN, « Consommation de poisson et correction des anomalies lipidiques », Le *Concours médical*, 1986.

D. VEILLEUX, *Les Remèdes de grand-mère*, S. Éditions, 1990.

C. VINCENT, « Riz, la course contre la faim », *Impact Médecin Quotidien*, juin 1991.

M. WICHTL et R. ANTON, *Plantes thérapeutiques*, Éditions Tec & Doc, Paris, 1999.

Travaux collectifs

Dictionnaire médical de la famille, Flammarion, 1999.

Huile d'olive et santé, n° 1, Centre d'information nutritionnelle (C.I.N.).

L'Avoine, anti-inflammatoire naturel en dermocosmétologie, Laboratoires Pierre Fabre, 1994.

Les Secrets santé de l'huile d'olive, n° 17, Centre huile d'olive information (C.H.O.I.).

« Les Vertus du soja », *New England Journal of Medicine,* août 1995.

L'Oignon, forme et santé, APRIFEL, septembre 1996.

Plantes médicinales, Sélection de Reader's Digest, Paris, 1994.

Plantes médicinales, Guide Nature Hachette, 2000.

Recettes personnelles, Véronique Pieren.

Substances naturelles et santé, Laboratoires Pierre Fabre, mars 1993.

Trucs et Conseils des médecins, Éditions Marabout, 2001.

Table des matières

Bien-être, des livres qui vous font du bien

Psychologie, santé, sexualité, vie familiale, diététique... : la collection Bien-être apporte des réponses pratiques et positives à chacun.

Psychologie

Thomas Armstrong

Sept façons d'être plus intelligent - n° 7105

Jean-Luc Aubert et Christiane Doubovy

Maman, j'ai peur – Mère anxieuse, enfant anxieux ? - n° 7182

Anne Bacus & Christian Romain

Libérez votre créativité ! - n° 7124

Murmures sur l'essentiel – Conseils de vie d'une mère à ses enfants - n° 7225

Simone Barbaras

La rupture pour vivre - n° 7185

Martine Barbault & Bernard Duboy

Choisir son prénom, choisir son destin - n° 7129

Deirdre Boyd

Les dépendances - n° 7196

Nathaniel Branden

Les six clés de la confiance en soi - n° 7091

Maître de ses choix, maître de sa vie - n° 7127

Sue Breton

La dépression - n° 7223

Jack Canfield et Mark Victor Hansen

Bouillon de poulet pour l'âme - n° 7155

Bouillon de poulet pour l'âme 2 - n° 7241

Bouillon de poulet pour l'âme de la femme *(avec J.R. Hawthorne et M. Shimoff)* - n° 7251

Bouillon de poulet pour l'âme au travail - n° 7259

Richard Carlson

Ne vous noyez pas dans un verre d'eau - n° 7183

Ne vous noyez pas dans un verre d'eau... en famille ! - n° 7219

Ne vous noyez pas dans un verre d'eau... en amour ! *(avec Kristine Carlson)* - n° 7243

Ne vous noyez pas dans un verre d'eau... au travail - n° 7264

Steven Carter & Julia Sokol

Ces hommes qui ont peur d'aimer - n° 7064

Chérie Carter-Scott

Dix règles pour réussir sa vie - n° 7211

Loly Clerc

Je dépense, donc je suis ! - n° 7107

Guy Corneau

N'y a-t-il pas d'amour heureux ? - n° 7157

La guérison du cœur - n° 7244

Lynne Crawford

La timidité - n° 7195

Christophe Fauré

Vivre le deuil au jour le jour - n° 7151

Daniel Goleman

L'intelligence émotionnelle - n° 7130

L'intelligence émotionnelle 2 - n° 7202

Nicole Gratton

L'art de rêver - n° 7172

John Gray

Les hommes viennent de Mars, les femmes viennent de Vénus - n° 7133

Une nouvelle vie pour Mars et Vénus - n° 7224

Mars et Vénus, les chemins de l'harmonie - n° 7233

Mars et Vénus, 365 jours d'amour - n° 7240

Les enfants viennent du paradis - n° 7261

Marie Haddou

Savoir dire non - n° 7178

Avoir confiance en soi - n° 7245

James Hillman
Le code caché de votre destin - n° 7256
La force du caractère - n° 6477

Evan Imber-Black
Le poids des secrets de famille - n° 7234

Sam Keen
Être un homme - n° 7109
Aimer et être aimé - n° 7262

Barbara Killinger
Accros du boulot - n° 7116

Jean-Claude Liaudet
Dolto expliquée aux parents - n° 7206

Dr Gérard Leleu
La Mâle Peur - n° 7026
Amour et calories - n° 7139
La fidélité et le couple - n° 7226
L'intimité et le couple - n° 7260

Christine Longaker
Trouver l'espoir face à la mort - n° 7179

Ursula Markham
Le deuil - n° 7230
Les traumatismes infantiles - n° 7231

Bernard Martino
Le bébé est une personne - n° 7094

Alan Loy McGinniss
Le pouvoir de l'optimisme - n° 7022

Pia Mellody
Vaincre la dépendance - n° 7013

Yannick Noah
Secrets, etc. - n° 7150

Robin Norwood
Ces femmes qui aiment trop – 1 - n° 7020
Ces femmes qui aiment trop – 2 - n° 7095

Armelle Oger
Et si l'on changeait de vie - n° 7258

Vera Peiffer
Soyez positifs ! - n° 7118

Xavier Pommereau
Quand l'adolescent va mal - n° 7147

Anthony Robbins
Pouvoir illimité - n° 7175

Henri Rubinstein
La dépression masquée - n° 7214

Jacques Salomé
Papa, maman, écoutez-moi vraiment - n° 7112
Apprivoiser la tendresse - n° 7134

Barbara Sher et Barbara Smith
Vous êtes doué et vous ne le savez pas - n° 7141

Elaine Sheehan
Anxiété, phobies et paniques - n° 7213

Deborah Tannen
Décidément, tu ne me comprends pas ! - n° 7083

Nita Tucker
Le grand amour pour la vie - n° 7099

Isabelle Yhuel
Mère et fille, l'amour réconcilié - n° 7161
Quand les femmes rompent - n° 7201

Rika Zaraï
Ces émotions qui guérissent - n° 7114

Santé

Joanna Bawa
Santé et ordinateur : le guide quotidien - n° 7207

Dr R. Aron-Brunetière
La beauté et les progrès de la médecine - n° 7006

Dr Martine Boëdec
L'homéopathie au quotidien - n° 7021

Dr Jacques Boulet
Se soigner par l'homéopathie - n° 7165

Julia Buckroyd
Anorexie et boulimie - n° 7191

Dr Jean-Pierre Cahané et Claire de Narbonne

Nourritures essentielles - n° 7168

Chantal Clergeaud

Un ventre plat pour la vie - n° 7136

Dr Julien Cohen-Solal

Comprendre et soigner son enfant – I - n° 7096

Comprendre et soigner son enfant – II - n° 7097

Bruno Comby

Tabac, libérez-vous ! - n° 7012

Dr Lionel Coudron

Stress, comment l'apprivoiser - n° 7027

Mieux vivre par le yoga - n° 7115

Dr J.G. Drevet & Dr C. Gallin-Martel

Bien vivre avec son dos - n° 7002

Dr David Elia

Comment rester jeune après 40 ans Version hommes - n° 7110

Comment rester jeune après 40 ans Version femmes - n° 7111

Le bonheur à 50 ans - n° 7184

Pierre Fluchaire

Bien dormir pour mieux vivre - n° 7005

Plus jamais fatigué ! - n° 7015

Dr Pierrick Hordé

Allergies, le nouveau fléau ? - n° 7248

Arthur Janov

Le corps se souvient - n° 7257

Chris Jarmey

Le shiatsu - n° 7242

Henri Loo & Henri Cuche

Je suis déprimé mais je me soigne - n° 7009

Dr E. Maury

La médecine par le vin - n° 7016

Maurice Mességué

C'est la nature qui a raison - n° 7028

Dr Sylvain Mimoun

Des maux pour le dire - n° 7135

Stewart Mitchell

Initiation au massage - n° 7119

Peter Mole

L'acupuncture - n° 7189

Paule Neyrat

Les vertus des aliments - n° 7265

Lionelle Nugon-Baudon

Maisons toxiques - n° 7229

Pierre Pallardy

Les chemins du bien-être - n° 7001

La forme naturelle - n° 7007

Le droit au plaisir - n° 7063

Jean-Louis Pasteur

Toutes les vitamines pour vivre sans médicaments - n° 7081

Jean-Yves Pecollo

La sophrologie - n° 3314

La sophrologie au quotidien - n° 7101

Vicki Pitman

La phytothérapie - n° 7212

Dr Hubert Sacksick

Les hormones - n° 7205

Jon Sandifer

L'acupression - n° 7204

Debbie Shapiro

L'intelligence du corps - n° 7208

Sidra Shaukat

La beauté au naturel - n° 7222

Dr Bernie S. Siegel

Vivre la maladie - n° 7131

Rochelle Simmons

Le stress - n° 7190

Dr Nadia Volf

Vos mains sont votre premier médecin - n° 7103

Andrew Weil

Le corps médecin - n° 7210

Huit semaines pour retrouver une bonne santé - n° 7193

Le guide essentiel de la diététique et de la santé - n° 7269

Bienêtre

7272

Achevé d'imprimer en France (Manchecourt)
par Maury-Eurolivres
le 30 mai 2004.
Dépôt légal mai 2004. ISBN 2-290-32667-4
1er dépôt légal dans la collection : mai 2003

Éditions J'ai lu
84, rue de Grenelle, 75007 Paris
Diffusion France et étranger : Flammarion